Économie politique

1. Économie descriptive et comptabilité nationale

Jacques Généreux
Maître de conférences des Universités,
professeur à l'Institut d'études politiques de Paris

8e édition

hachette
SUPÉRIEUR

LES FONDAMENTAUX

LA BIBLIOTHÈQUE DE L'ÉTUDIANT

Collection créée par Caroline Benoist-Lucy

Dans la même collection : Droit, Politique

1 *Comprendre la formulation mathématique en économie* (D. Schlacther)
2 *Relations économiques internationales* (J.-L. Mucchielli)
3 *Économie politique / 1. Économie descriptive et comptabilité nationale* (J. Généreux)
5 *Économie politique / 3. Macroéconomie* (J. Généreux)
20 *Comprendre les mathématiques financières / Cours et exercices résolus* (D. Schlacther)
31 *Économie de l'entreprise* (X. Richet)
61 *Économie générale* (E. Bosserelle)
115 *Les politiques sociales en France* (P. Valtriani)
125 *Problèmes économiques contemporains / Les pays industriels* (F. Teulon)
136 *Comptabilité générale* (R. Guillouzo, L. Jaffré, P. Juguet)
150 *Comptabilité de gestion* (A. Amintas, R. Guillouzo)
151 *Comptabilité des sociétés* (F. Parrat)
154 *Microéconomie. Cours et exercices résolus* (A. Luzi)
159 *Diagnostic financier* (M. Haranger-Gauthier, M. Helou)
162 *Commerce mondial et développement durable* (C. Schnakenbourg et A. Suarez)
163 *Principes d'analyse financière* (H. Ravily et V. Serret)
165 *De l'analyse à la prévision / 1. Comprendre la Statistique descriptive statique* (D. Schlacther)
166 *De l'analyse à la prévision / 2. Comprendre la Statistique descriptive temporelle* (D. Schlacther)
167 *De l'analyse à la prévision / 3. Comprendre la Statistique inductive, ajustements, lois* (D. Schlacther)
170 *Commerce international et environnement* (A. Suarez)
175 *Business model – Configuration et renouvellement* (S. Grandval et S. Ronteau)

Réalisation de la couverture : Stéphanie Benoît
Visuel de couverture : ©ImagePixel/Shutterstock
Mise en page : IDT
Édition : N. Dauchart

www.hachette-education.com

ISBN 978-2-01-400493-9

Table des matières

Présentation

Économie politique est un manuel de premier cycle (diffusé à 250 000 exemplaires pour les précédentes éditions).

Le tome 1 est destiné à accompagner des enseignements d'introduction à l'économie ou d'économie descriptive. Après une brève introduction sur l'objet et la méthode de la discipline, on y trouve l'essentiel des outils conceptuels et concrets qu'il est utile de maîtriser avant d'aborder la théorie microéconomique ou macroéconomique : comptes de l'entreprise, comptes de la nation et grands équilibres macroéconomiques, calculs statistiques élémentaires, mécanismes monétaires nationaux et internationaux, comptes extérieurs (balance des paiements...).
Le tome 2 traite de l'analyse microéconomique (théorie du consommateur, théorie de la production, théorie de la demande, théorie des marchés, théorie de l'équilibre général et fondements microéconomiques des interventions de l'État).
La macroéconomie est traitée dans le tome 3. Ce dernier volume comprend l'analyse des modèles standards de l'équilibre macroéconomique et l'étude des politiques macroéconomiques, notamment dans le cadre du modèle IS-LM-BP.

La présente édition conserve les principales caractéristiques qui ont pu contribuer à son succès mais qui recèlent en même temps ses limites.
– Une première caractéristique de ce manuel est de réserver plus de place à l'explicitation littéraire des concepts et des raisonnements qu'à la formalisation mathématique. Cette dernière est réduite ici au strict minimum et, lorsqu'elle se révèle inévitable (surtout en microéconomie), elle est toujours accompagnée d'une explication en termes purement littéraires. En conséquence, le texte est particulièrement adapté aux étudiants qui éprouvent des difficultés à la lecture d'exposés formalisés. Quant aux étudiants à l'aise en mathématiques, ils trouveront ici un complément nécessaire à leur formation, à savoir : la signification économique réelle de problèmes et de résultats qu'ils sont habitués à traiter sous un angle purement mathématique.
– Une seconde caractéristique est d'insister davantage sur les outils d'analyse utilisés ou discutés par diverses écoles de pensée que sur les débats doctrinaux entre ces écoles. Cela conduit à de sérieuses simplifications dans la présentation de ces dernières, ce qui peut gêner un lecteur intéressé par l'histoire de la pensée économique. Cependant, dans la mesure où, par définition, les débats les plus importants tendent à se concentrer sur les questions les plus complexes, ils sont,

de ce fait, peu accessibles sans une bonne maîtrise préalable de l'analyse économique. Notre propos est ici l'initiation, et cela justifie quelques raccourcis qui facilitent la tâche du lecteur soucieux avant tout de s'initier aux principaux outils de raisonnement de la science économique. Pour approfondir les points de divergence entre économistes, on pourra toujours, dans un second temps, se reporter à des ouvrages d'histoire de la pensée.

J'exprime ici ma reconnaissance aux nombreux collègues et étudiants qui ont bien voulu me faire part de leurs observations ou suggestions. Ces dernières ont souvent permis d'améliorer le texte. Je reste néanmoins seul responsable des insuffisances résiduelles, et les nouvelles remarques des lecteurs seront toujours les bienvenues.

J. GÉNÉREUX

1 chapitre

Qu'est-ce que l'économie politique ? Objet et méthode

I. L'objet de l'analyse économique

A– L'approche concrète

Si l'on interroge au hasard des non-économistes sur l'objet de l'analyse économique, on recueille le plus souvent une liste de sujets concrets dont s'occupe l'économiste : la production, la consommation, les échanges, la monnaie, la croissance, l'inflation, le chômage, etc. Le réflexe consiste ici à isoler dans les phénomènes sociaux observables ceux qui seraient spécifiquement économiques et donneraient ainsi un contenu concret à l'analyse économique.

Longtemps, les philosophes ou les économistes ont procédé de la même façon, en définissant l'économie comme une science de la production et de la distribution des richesses ou des biens. La constance de cette vision concrète de l'économie est frappante jusqu'au début du XXe siècle.

Déjà Aristote, quatre siècles avant Jésus-Christ, définit la science économique comme « *la science d'acquérir des richesses* ». Pour Adam Smith, en 1776, l'économie politique cherche comment « *procurer au peuple* ***un revenu ou une subsistance abondante*** », et comment « *fournir à l'État ou à la communauté un revenu suffisant pour le service public* ». Plus proche de nous, en 1920, Alfred Marshall estime que « *l'économie politique ou économique (...) examine la partie de la vie individuelle et sociale qui a le plus particulièrement trait à l'acquisition et à l'usage des choses matérielles nécessaires au bien-être.* »

Toutefois, cette approche concrète soulève quelques difficultés. En premier lieu, il est tout à fait arbitraire de décréter qu'un phénomène est « économique ». L'inflation, le chômage, la consommation, par bien des aspects, constituent tout autant des phénomènes politiques, sociologiques ou psychologiques. On ne peut décortiquer les phénomènes sociaux pour en extraire la partie économique, la partie politique, etc.

Par ailleurs, les prétendus « phénomènes économiques » sont bien souvent l'objet d'étude des sociologues, psychologues, politologues ou historiens. Toutes les sciences humaines et sociales ont en fait le même domaine concret d'étude : les causes et les conséquences individuelles ou collectives des comportements humains. La spécificité qui les constitue en discipline autonome ne tient donc pas à leur domaine d'étude.

La spécificité d'une science humaine ou sociale tient parfois moins aux sujets concrets de son travail qu'à sa façon particulière de considérer la réalité humaine. Pour se distinguer, chaque discipline se donne un objet abstrait en isolant dans la réalité un phénomène fondamental qu'elle privilégie comme point de départ de toutes les questions qu'elle va ensuite analyser – le pouvoir, par exemple, pour la science politique. En économie, le courant aujourd'hui dominant considère que ce « phénomène fondamental » est la ***rareté des ressources***.

B – L'approche abstraite : la rareté et les choix

Les hommes ont un grand nombre de besoins à satisfaire, mais la plupart des ressources dont ils disposent pour le faire existent en quantité limitée. L'économie est la science des choix rendus nécessaires par la rareté des ressources.

1. Les vertus de l'abondance

L'abondance évacue tout problème de choix dans l'utilisation des ressources ; les questions suivantes n'ont alors aucune importance : Que produire ? Combien produire ? Comment produire ? Pour qui produire ?... En effet, par définition, si les ressources sont illimitées, on produira tout, jusqu'à saturation des besoins, n'importe comment et pour tout le monde. Il peut exister ainsi ce que les économistes appellent des « biens libres » qui sont disponibles en ***abondance***. Par exemple, l'air que nous respirons est un bien libre, tant qu'il n'existe pas de difficultés particulières pour trouver de l'air pur ; son utilisation ne soulève aucun problème particulier et n'appelle donc aucune analyse particulière ; l'air n'est pas un ***bien économique***. Cependant, dès que la pollution atmosphérique atteint un certain degré, l'air pur devient rare ; on s'interroge alors sur la façon de le préserver (de le produire) ; les individus et les sociétés engagent des dépenses pour assainir l'atmosphère ou fuir la pollution ; l'air redevient un bien économique.

2. La rareté impose des choix

Si les ressources sont rares, on ne peut pas tout produire jusqu'à saturation des besoins. Parmi l'ensemble des possibilités de production, il faut opérer des choix. Une fois décidée la production d'un bien particulier, on n'est pas indifférent à la méthode de production utilisée parce que le temps et les moyens de production sont rares et que certaines méthodes en consomment davantage que d'autres. Il faut donc aussi opérer des choix dans les moyens employés. La réponse aux questions « que produire, combien et comment produire » constitue ce que les économistes appellent le problème de l'***allocation des ressources***.

Mais au problème de l'allocation s'ajoute celui de la ***répartition des ressources***. En situation d'abondance, ce qui est consommé par Paul ne fait jamais défaut à Pierre. Mais si la taille du gâteau est limitée, la part de l'un ne peut augmenter qu'au détriment de celle de l'autre. Il existe donc un débat sur la répartition des ressources entre les individus et sur la façon de développer le gâteau (économie de la croissance et du développement).

3. La rareté impose des coûts

La nécessité de choisir entre les emplois alternatifs des ressources disponibles implique l'existence de coûts. En effet, toutes les ressources utilisées pour la production d'un bien particulier (temps, matières premières, équipements) ne sont plus disponibles pour la production d'un autre bien. En situation de rareté, donc, toute activité entraîne un sacrifice : choisir quelque chose, c'est renoncer aux satisfactions qu'auraient pu procurer tous les autres choix possibles. Dans la terminologie économique, on dit que toute activité a un « coût d'opportunité ».

Le coût d'opportunité d'un choix est la satisfaction procurée par le meilleur choix possible parmi tous les autres choix disponibles.

À l'inverse de la vision courante qui limite souvent la notion de coût à une dépense monétaire, le concept économique de coût est plus large ; il désigne une estimation ***subjective*** des opportunités sacrifiées qui ne comprennent pas seulement ni nécessairement l'argent dépensé.

4. Une définition usuelle et discutable de l'économie

L'approche abstraite retient le plus souvent une définition inspirée d'une étude publiée en 1932 par Lionel Robbins (chef de fil du courant néoclassique à la *London School of Economies*).

L'analyse économique étudie la façon dont les individus ou la société emploient les ressources rares à des usages alternatifs, en vue de satisfaire leurs besoins.

Cette définition ne ramène l'objet de l'analyse économique à aucune liste concrète et limitative de problèmes. La seconde moitié du XXe siècle a d'ailleurs vu l'extension des centres d'intérêt des économistes à l'ensemble des aspects du comportement humain : il existe ainsi une analyse économique du mariage, de la criminalité, de la politique, de la religion et même… du brossage de dents ou des relations extra-conjugales (une dose d'humour et d'autodérision n'est pas superflue pour tempérer l'impérialisme des économistes !). Dans le courant néo-classique (*cf.* tome 3), cette définition est indissociable du postulat de rationalité des choix : les individus n'utilisent pas les ressources n'importe comment mais au mieux, en vue de maximiser leur satisfaction. Nous revenons sur la discussion de cette hypothèse en introduction du tome 2 consacré à la microéconomie.

Hors du courant néoclassique, cette manière de concevoir l'analyse économique est habituellement rejetée. Elle réduit en effet l'économie à une simple technique d'adaptation des moyens aux fins, d'affectation efficiente d'un stock donné de ressources, ou encore de gestion rationnelle des contraintes ; elle tend à réduire le comportement des agents économiques au fonctionnement de machines à calculer programmées pour gérer un environnement donné. En fait, et heureusement, l'analyse économique s'intéresse aussi à la transformation de l'environnement et des contraintes par les entrepreneurs, les mouvements sociaux et les politiques publiques. Elle se préoccupe de la *production* des ressources autant que de leur *affectation*, et de la répartition des revenus autant que de leur utilisation. Elle étudie aussi l'évolution historique des systèmes de production et des institutions, les rapports de forces sociaux et politiques qui conditionnent cette évolution, la psychologie des acteurs, les conventions sociales qui influencent les choix individuels, etc.

II. La méthode de l'analyse économique

A– La démarche scientifique en économie

1. Définition de la démarche scientifique

Contrairement à une illusion courante, une hypothèse scientifique n'est pas une hypothèse « vraie », ou encore, vérifiée dans la réalité.

Une proposition est scientifique quand elle est réfutable, c'est-à-dire quand il est possible de la confronter aux faits.

Proposé par Karl Popper, ce critère, dit de ***réfutabilité*** (ou encore de ***falsification***), est assez largement admis par les économistes. Si les faits démontrent qu'une hypothèse est fausse, on rejette l'hypothèse et on en cherche une autre ; si l'hypothèse est confirmée par les faits, on ne dit pas pour autant qu'elle est vraie, mais simplement que, dans l'état actuel de la connaissance, elle n'a pas été réfutée : l'hypothèse est performante, et on la retient en attendant qu'une meilleure hypothèse vienne peut-être la remplacer.

Bien des économistes s'efforcent de « faire science » en suivant la démarche que nous venons de décrire. Dans cet effort, ils se heurtent souvent à une difficulté majeure : l'hésitation ou la confusion entre une analyse positive et une analyse normative. Une analyse ***positive*** explique pourquoi les choses et les comportements ***sont ce qu'ils sont***, tandis que l'analyse ***normative*** cherche à définir ***ce qu'ils doivent être***.

L'économie positive peut mettre en œuvre une démarche scientifique. Elle émet des hypothèses quant aux comportements des agents économiques ; elle déduit les conséquences logiques de ces hypothèses quant à l'évolution de variables observables et mesurables (quantités, prix, revenus, etc.) ; elle confronte l'évolution effectivement observée de ces variables aux prévisions théoriques. Depuis la fin du XIXe siècle, le recours croissant aux mathématiques pour démontrer les conséquences des hypothèses a largement renforcé la cohérence logique des théories économiques. Par ailleurs, grâce au développement théorique et pratique des statistiques et des moyens de calcul informatiques, les hypothèses théoriques contemporaines sont souvent soumises à des tests empiriques.

2. L'économie normative

Mais l'économiste se contente rarement d'une explication positive. L'économie, traitant des comportements humains et de leurs conséquences collectives, est inévitablement politique. À quoi sert de bien connaître le fonctionnement du marché du travail si cela n'est pas utilisé pour mettre en place des politiques efficaces de lutte contre le chômage ? À quoi bon comprendre les mécanismes du développement économique si cela n'aide en rien à stimuler la croissance ou, au contraire, à penser la décroissance optimale ?

L'analyse normative apparaît ainsi comme la suite logique de la connaissance positive. Mais il importe de faire clairement la distinction entre les deux, parce que seule l'analyse positive peut recourir à la démarche scientifique. Le scientifique ne produit de l'information que sur ***ce qui est***. Le débat sur ***ce qui doit être*** dépend des objectifs que l'on assigne à la société et des priorités établies entre ces objectifs. Or les objectifs de la société relèvent de jugements de valeur totalement subjectifs et irréfutables. Pour parler concrètement, la science économique peut expliquer comment on lutte contre l'inflation ou contre le chômage ; elle ne peut pas dire s'il faut le faire, ni s'il faut donner la priorité à l'un ou à l'autre de ces objectifs. Bien entendu, l'économiste peut très bien (et sans doute doit) donner son avis sur cet arbitrage, mais il importe de comprendre que cet avis est en grande partie une opinion dépendante d'un jugement de valeur sur les fins souhaitables de la société et non le résultat d'une analyse scientifique.

B – Du scientisme à l'économie humaine

1. Les risques d'une dérive scientiste

Si l'économiste peut adopter une démarche scientifique, ses résultats ne sont pas de même nature que ceux des sciences de la nature. Ces dernières peuvent énoncer des lois universelles admises par l'ensemble de la communauté scientifique. Ces lois permettent de prévoir avec exactitude certains phénomènes (le retour d'une comète, par exemple). Or, à de rares exceptions près, la « science » économique est incapable d'énoncer des lois de ce type. Les ***lois de l'économie*** sont pour l'essentiel des règles de fonctionnement de la société déterminées par des rapports de force politiques, par des choix humains (eux-mêmes conditionnés par l'histoire, la culture et l'environnement des décideurs), et non par une nécessité mécanique et matérielle. Il s'agit ainsi de lois sociales, et donc situées, datées et évolutives.

De plus, l'économie ne peut donner aucune réponse simple et univoque à la plupart des questions de politique économique. Comme nous l'avons expliqué plus haut, l'économie est une ***science de l'efficacité***, c'est-à-dire de l'adéquation des moyens aux fins. Elle permet éventuellement d'éviter le gaspillage des ressources qu'entraînerait le choix de moyens inadéquats pour atteindre un but donné. Mais, quel que soit le sujet abordé (faut-il supprimer le SMIC ? Faut-il relancer l'économie par la consommation ou par l'investissement ? Faut-il limiter la concentration des entreprises ? etc.), l'économiste bute toujours sur ***une question de justice*** : comment répartir les coûts et les avantages entre des individus supposés égaux en droit ? Comme personne n'a de réponse « scientifique » à cette question, la réponse relève d'un choix politique. C'est en ce sens que l'économie est par nature politique.

Néanmoins avec les développements du modèle néoclassique au XXe siècle, la théorie économique dominante a connu une certaine dérive scientiste et apolitique. Son souci d'être reconnue comme une science à l'égal des sciences de la nature l'a conduite à privilégier l'imitation des méthodes formelles de ces dernières plutôt que le développement de méthodes spécifiques pertinentes et adaptées aux réalités humaines et sociales qui constituent son objet d'étude. Cette dérive scientiste a imposé un paradigme fondé sur une vision simpliste du comportement humain (résumant celui-ci à un calcul de maximisation sous contrainte) et des solutions aux problèmes sociaux (le libre jeu de la concurrence étant supposé fournir des solutions automatiques).

Cela dit, les travaux d'inspiration néoclassique ont aussi contribué à forger un grand nombre de concepts et d'analyses qui entrent aujourd'hui dans la boîte à outils de tout économiste, quelle que soit son « école » de pensée privilégiée. Les thèses ultra libérales souvent présentées comme étant le discours économique dominant ne sont en général qu'une caricature de la pensée libérale elle-même, et ne sont nullement partagées par nombre d'économistes qui ne voient dans les outils néoclassiques rien d'autre que des outils, justement.

2. L'économie humaine

Une démarche plus constructive consiste à exploiter tous les outils de la science économique au service d'analyses plus proches de la réalité sociale. Telle a été la démarche de nombreuses écoles de pensée (écoles keynésienne et post-keynésienne, école institutionnaliste, école de la régulation, socioéconomie, etc.), parfois qualifiées d'hétérodoxes par opposition au modèle néoclassique réputé dominant. Au siècle dernier, ces écoles n'ont pas su mettre suffisamment en valeur leurs points communs pour contrebalancer ce qui fait la force véritable du paradigme néoclassique : la combinaison d'un projet scientifique et idéologique commun (démontrer la supériorité d'une économie de marchés libres) et d'une méthode commune (la modélisation mathématique des comportements individuels d'optimisation). Elles nous semblent pourtant traversées par des ambitions et des méthodes assez proches pour constituer collectivement (en combinaison avec une partie des apports néoclassiques) un nouveau paradigme pluriel qui devrait s'imposer au XXIe siècle.

Nous suggérons que le concept fédérateur de ces diverses approches pourrait être celui d'économie humaine. Par ***économie humaine***, nous entendons exprimer l'adhésion à une finalité humaniste et un choix méthodologique susceptibles de rassembler assez largement les économistes du XXIe siècle, quelles que soient d'ailleurs leurs préférences politiques.

La seule finalité légitime de l'économie est en effet le bien-être des hommes, à commencer par celui des plus démunis. Par bien-être, il faut entendre la satisfaction de tous les besoins ; pas seulement ceux que comblent les consommations marchandes, mais aussi l'ensemble des aspirations échappant à toute évaluation monétaire : dignité, paix, sécurité, liberté, éducation, santé, loisir, qualité de l'environnement, bien-être des générations futures, etc.

Corollaires de cette finalité, les méthodes de l'économie humaine ne peuvent que s'écarter de l'économisme et du scientisme de l'économie mathématique qui a joué un rôle central au XXe siècle. L'économie humaine est celle d'un homme complet (dont l'individu maximisateur de valeurs marchandes sous contrainte n'est qu'une dimension très limitée), d'un être social qui inscrit son action dans le temps (et donc l'histoire), sur un territoire, dans un environnement familial, social, culturel et politique ; l'économie d'un homme animé par des valeurs et qui ne résout pas tout par le calcul ou l'échange, mais aussi par l'habitude, le don, la coopération, les règles morales, les conventions sociales, le droit, les institutions politiques, etc.

L'économie humaine est donc ***une économie historique, politique et sociale***. Elle ne dédaigne pas l'usage des mathématiques en tant que langage utile à la rigueur d'un raisonnement, mais refuse de cantonner son discours aux seuls cas où ce langage est possible. Au lieu d'évacuer la complexité des sociétés humaines (qui ne se met pas toujours en équations), l'économie humaine s'efforce de tenir un discours rigoureux intégrant la complexité, elle préfère la pertinence à la formalisation, elle revendique le statut de science humaine, parmi et en dialogue avec les autres sciences humaines, et tourne le dos à la prétention stérile d'énoncer des « lois de la nature ». S'il nous fallait conclure ce bref chapitre introductif par un conseil aux étudiants abordant cette discipline, nous les engagerions donc à saisir toutes les occasions qui leur seront offertes d'élargir leur champ de vision en approfondissant aussi leur culture historique, politique et sociologique.

2 chapitre

Les comptes de l'entreprise

Les entreprises astreintes à la publication de leurs comptes doivent présenter trois documents de synthèse : le ***bilan***, qui décrit l'état des avoirs et des dettes de l'entreprise en fin d'année, le ***compte de résultat***, qui décrit les produits et les charges de l'année écoulée, et l'***annexe***, qui fournit des informations complémentaires sur certains éléments du bilan et du compte de résultat. Nous nous contenterons ci-dessous (section 1) d'une présentation des deux principaux comptes de l'entreprise : le bilan et le compte de résultat.

L'***analyse financière*** de ces comptes (section 2) permet ensuite d'aborder trois questions complémentaires :
- Quels sont les résultats intermédiaires significatifs (les étapes) qui contribuent au résultat final que constitue le bénéfice (ou la perte) ?
- L'entreprise est-elle rentable ?
- L'équilibre financier est-il assuré ?

I. Les principaux comptes : bilan et compte de résultat

A– Le bilan

Le bilan est un compte qui décrit, à un moment donné, tout ce que l'entreprise possède (son « actif ») et tout ce qu'elle doit (son « passif »). De façon équivalente, on peut dire que le bilan décrit les ressources financières (au passif) et les emplois que l'entreprise fait de ses ressources (à l'actif). Les emplois sont nécessairement égaux aux ressources ; l'actif est donc toujours égal au passif. Le plus souvent, le bilan est établi à la fin d'une année complète (en général, le 31 décembre), que les comptables appellent un « exercice ».

1. Analyse de l'actif

On distingue deux grandes catégories d'actifs. Certains actifs, comme, par exemple, le terrain sur lequel est construit une usine, constituent pour l'entreprise un emploi durable qu'il est difficile de transformer rapidement en un autre emploi : on dit qu'ils sont « immobilisés » dans l'entreprise, ou encore « fixes ». D'autres actifs, comme, par exemple, un stock de produits, sont plus transitoires, plus faciles à transformer : il s'agit des actifs « circulants ».

BILAN : L' ACTIF

	BRUT	AMORTISSEMENTS ET PROVISIONS	NET
Actif immobilisé Immobilisations incorporelles..... Immobilisations corporelles .... Immobilisations financières.......			
Actif circulant Stocks et en-cours................ Avances et acomptes versés sur commandes.................. Créances .... Valeurs mobilières de placement .. Disponibilités....................			
Comptes de régularisation			
TOTAL			

→ L'actif immobilisé

Les immobilisations « *incorporelles* » sont des actifs dont la valeur ne tient pas à la possession d'un bien matériel ou d'un actif financier. Elles comprennent les frais d'établissement engagés au moment de la création de l'entreprise, les frais de recherche et de développement, les concessions, licences, brevets et fonds de commerce. Les immobilisations « *corporelles* » rassemblent tous les biens matériels que l'entreprise utilise durablement (plus d'un an) : terrains, immeubles, installations techniques, machines, outillage, etc. Les immobilisations « *financières* », enfin, regroupent les actions ou parts sociales détenues en vue de participer à la gestion ou d'assurer le contrôle d'autres entreprises, et les prêts consentis par l'entreprise à des tiers.

→ L'actif circulant

– ***Stocks et en-cours***: matières premières, produits en cours de production, produits finis que l'entreprise a en stock.
– ***Avances et acomptes versés sur commandes***: sommes que l'entreprise a déjà réglées sur des commandes qui ne lui ont pas encore été livrées.
– ***Créances***: il s'agit pour l'essentiel des factures-clients en attente de règlement.
– ***Valeurs mobilières de placement***: actions, obligations, titres divers, qui sont détenus à des fins de placement à court terme pour gérer au mieux les liquidités dont dispose l'entreprise. Il faut bien les distinguer des titres détenus à des fins d'investissement durable dans une autre entreprise, qui, eux, sont inscrits en immobilisations financières.
– ***Disponibilités***: avoirs détenus en caisse ou sur des comptes bancaires.

En bas du bilan apparaissent des ***comptes de régularisation*** destinés à enregistrer des charges constatées d'avance ou à répartir sur plusieurs exercices, et qui constituent donc des créances sur des prestations de services à venir. Par exemple, l'entreprise a, en fin d'exercice, payé d'avance une prime d'assurance annuelle, elle a payé d'avance deux années de loyer pour un terrain, etc.

→ L'amortissement

Tous les éléments de l'actif sont comptabilisés à leur ***coût historique***, c'est-à-dire à leur ***prix d'acquisition*** ou à leur ***coût de production*** au moment où ils sont apparus pour la première fois au bilan. Cette ***valeur initiale*** est inscrite dans la colonne ***actif brut***.

Cependant, la valeur réelle de certains actifs immobilisés diminue régulièrement au cours du temps, en raison de ***l'usure matérielle*** ou de ***l'obsolescence***, c'est-à-dire du vieillissement technologique.

L'amortissement est la constatation comptable de la dépréciation des actifs immobilisés dont la valeur diminue régulièrement avec le temps.

La technique la plus simple est celle de l'« amortissement ***linéaire*** ». Par exemple, une machine achetée 20 000 € a une durée de vie de 10 ans ; on considère que, chaque année, on « consomme » un dixième (10 %) de cette machine; on a donc tous les ans le même taux (linéaire) d'amortissement; chaque année, on ajoute 2 000 € dans la colonne amortissements et la valeur de la machine dans l'actif net diminue de 2 000 € ; on dit que l'on effectue une « dotation aux amortissements » ; au bout de 10 ans, la valeur nette inscrite au bilan est nulle, la machine est « amortie ».

Cette usure matérielle ou technologique de certains actifs est une charge pour l'entreprise, au même titre que la consommation de matières premières ou les salaires. Les dotations aux amortissements apparaissent donc aussi dans les charges au compte de résultat; les sommes inscrites en dotations aux amortissements réduisent d'autant le bénéfice imposable et distribuable aux actionnaires, mais ne sortent pas effectivement de la trésorerie; il s'agit donc de provisions disponibles pour financer le remplacement et le renouvellement des équipements. L'amortissement peut donc constituer un outil de stimulation des investissements. La réglementation autorise d'ailleurs, pour certaines immobilisations, un « amortissement ***dégressif*** » qui consiste à pratiquer des dotations aux amortissements plus importantes les premières années d'utilisation des équipements et plus faibles ensuite; ainsi, le bénéfice imposable est réduit de façon plus importante dès les premières années qui suivent l'investissement.

➜ Les provisions pour dépréciation

Certains éléments de l'actif peuvent connaître une dépréciation, non pas systématique et régulière (amortissement), mais ***occasionnelle***. Un stock de marchandises peut perdre de sa valeur sur les marchés; on peut craindre une dégradation matérielle de produits stockés trop longtemps; une créance détenue sur un client peut se révéler douteuse parce qu'il vient de perdre son emploi ou parce qu'il est gravement malade, une valeur mobilière peut subir une décote en Bourse, etc. Dans la plupart des cas, la perte correspondante n'est que ***probable***, dans la mesure où les choses peuvent toujours s'arranger par la suite, mais, ***par prudence***, on constitue une « provision pour dépréciation ». Cette provision entre dans les charges au compte de résultat, est inscrite dans la colonne amortissement et provisions au bilan; la colonne ***actif net*** donne la valeur de l'actif brut ***moins*** les amortissements et provisions.

Les pertes probables qui concernent l'entreprise en général, et non un élément particulier de l'actif, ne peuvent être enregistrées en provisions pour dépréciation à l'actif; pour cette raison, elles sont inscrites au passif en « provisions pour risques et charges » (*cf. infra*).

2. Analyse du passif

Le passif décrit les ressources de l'entreprise. On peut y distinguer deux grandes catégories :
- les « ***capitaux propres*** », qui regroupent l'ensemble des ressources non empruntées et dont l'entreprise peut disposer en permanence ;
- les ressources empruntées à l'extérieur ou « ***dettes*** » au sens strict.

Notons que les capitaux propres sont également des dettes de l'entreprise envers les actionnaires ou associés qui ont apporté le capital ; mais il s'agit de dettes non exigibles : les propriétaires du capital ne peuvent exiger le remboursement de leurs capitaux, sauf dans le cas de faillite et de liquidation des biens de l'entreprise – et après que les autres créanciers de l'entreprise auront été remboursés.

BILAN : LE PASSIF

Capitaux propres Capital .... Réserves .... Report à nouveau .... **Résultat de l'exercice** (avant répartition du résultat) .... ou bien : sous-total = **Situation nette** (après répart. résult.) Subventions d'investissement .... Provisions réglementées	
Provisions pour risques et charges	
Dettes Emprunts obligataires .... Emprunts auprès des établissements de crédit .... Avances et acomptes reçus sur commandes .... Dettes fournisseurs .... Dettes fiscales et sociales	
Comptes de régularisation	
TOTAL	

➔ Les capitaux propres

– ***Capital*** : il s'agit de l'apport personnel de l'entrepreneur, des associés ou des actionnaires à la constitution de l'entreprise, éventuellement complété par des augmentations ultérieures de capital.

– ***Réserves***: une fraction des bénéfices réalisés est mise en « réserves » en application des obligations légales ou des statuts de l'entreprise, ou encore d'une décision libre de gestion.
– ***Report à nouveau***: partie d'un résultat antérieur dont l'affectation définitive n'a pas été décidée ; on peut encore soit incorporer définitivement cette somme dans les réserves, soit la distribuer aux actionnaires ou associés.
– ***Résultat de l'exercice***: le résultat de l'exercice est la différence entre l'ensemble des produits et des charges de l'entreprise, après impôt sur les bénéfices. Ce résultat, qui peut être positif (bénéfice) ou négatif (perte), est destiné à être réparti entre : les réserves, le report à nouveau, la distribution aux propriétaires de l'entreprise (les « dividendes »). Dans le bilan dressé avant répartition, le résultat apparaît donc en clair parmi les capitaux propres. Bien entendu, dans un bilan établi après répartition, le résultat disparaît. À la place de ce poste apparaît alors la « situation nette », qui est simplement la somme de tous les capitaux propres mentionnés ci-dessus.
– ***Subventions d'investissement***: sommes versées par l'État pour aider au financement de certaines immobilisations.
– ***Provisions réglementées***: elles ne correspondent pas à l'objet normal d'une provision (dépréciation ou risques et charges), mais sont constituées en raison d'obligations légales liées à des opérations particulières.

→ Les provisions pour risques et charges

Certaines charges probables en fin d'exercice ne sont pas imputables à un élément de l'actif (ce qui amènerait à constituer une provision pour dépréciation), mais sont liées à l'activité générale de l'entreprise : on s'attend à payer une amende aux douanes, à perdre un procès avec un client, etc. Par prudence, une partie des ressources de l'entreprise est donc affectée à une provision qui permettra de faire face à la réalisation du risque.

→ Les dettes

Les dettes comprennent :
– ***des dettes financières***: émission d'emprunt obligataire sur le marché financier, emprunt auprès des établissements de crédit, etc. ;
– ***des dettes d'exploitation***: dettes envers des fournisseurs, avances versées par des clients, dettes vis-à-vis du fisc ou de la sécurité sociale, etc.

Enfin, en bas de passif apparaissent des ***comptes de régularisation***, symétriques de ceux qui existent à l'actif. Ils enregistrent des produits constatés d'avance, qui constituent donc en réalité des ressources imputables aux exercices à venir (une sorte de « dette » de l'exercice courant à l'égard des exercices futurs) ;

par exemple, l'entreprise est propriétaire d'un terrain qu'elle loue et elle a touché d'avance le loyer pour deux ans.

B – Le compte de résultat

Le compte de résultat décrit les produits et les charges de l'entreprise au cours de l'exercice écoulé; les produits sont les ressources nouvelles que l'entreprise a retirées de son activité productive ou d'autres sources de revenu, et les charges recensent toutes les dépenses imputables à l'exercice; la différence entre les produits et les charges donne le résultat de l'exercice.

Dans la détermination du résultat de l'exercice, on distingue trois types d'opérations:

- les opérations liées à l'exploitation habituelle de l'entreprise,
- les opérations financières,
- les opérations exceptionnelles.

1. Les grands postes du compte de résultat

En dehors du problème posé par les stocks (*cf. infra*), le compte de résultat ne présente aucune difficulté de lecture particulière, et l'examen attentif du tableau en page suivante doit suffire pour comprendre sa construction.

2. Le problème des stocks

La seule difficulté de lecture d'un compte de résultat peut éventuellement provenir des postes ***variation des stocks***, en charges, et ***production stockée***, en produits.

➜ La variation des stocks (charges)

Dans les charges, on doit ***déduire*** des achats de marchandises, matières premières, produits intermédiaires, la ***variation des stocks*** enregistrée durant l'exercice.

En effet, si les stocks ont augmenté, cela signifie qu'on n'a pas consommé durant l'exercice la totalité des produits achetés; le montant des achats effectués dans l'année surestime les charges réellement imputables à l'exercice écoulé puisqu'une partie de ces achats est en stock et ne sera effectivement utilisée que durant l'exercice suivant; il faut donc retrancher la variation des stocks.

Si les stocks ont baissé, cela signifie que l'entreprise a consommé, durant l'année, les achats de l'exercice plus une partie des stocks qui étaient disponibles en début d'exercice. Le montant des achats sous-estime donc les charges réelles de l'exercice, et il faut y ajouter la consommation des stocks.

Il suffit de retenir que l'on doit ***retrancher la variation des stocks dans les charges*** (parce que retrancher un nombre positif [augmentation des stocks] diminue les charges et retrancher un nombre négatif [diminution des stocks] augmente les charges).

LE COMPTE DE RÉSULTAT

CHARGES		PRODUITS	
Charges d'exploitation		**Produits d'exploitation**	
Achat .... *marchandises, matières premières, produits intermédiaires, emballages*		Ventes de marchandises .... *marchandises revendues sans transformation*	
Variation de stock		Production vendue.......... *biens et services produits par l'entreprise*	
Charges externes.......... *consommations de services, communications, transports, assurances, réparations, etc.*		Production stockée..........	
Impôts et taxes .... *sauf l'impôt sur les bénéfices*		Production immobilisée .... *travaux réalisés par l'entreprise pour elle-même, vendus à elle-même sans profit ni perte*	
Frais de personnel .... *salaires, traitements, charges sociales*		Subventions d'exploitation.......... *aides versées par l'État pour l'activité courante*	
Dotations aux amortissements.......			
Provisions..........			
Charges financières		**Produits financiers**..........	
Intérêts et dividendes versés		Intérêts et dividendes reçus	
Pertes de change		Gains de change..........	
Charges exceptionnelles		**Produits exceptionnels**..........	
Sur opérations de gestion .... *pénalités, amendes, dons..., versés*		Sur opérations de gestion .... *pénalités, amendes, dons..., reçus*	
Sur opérations en capital .... *moins-values réalisées sur la cession d'éléments de l'actif immobilisé ; provisions réglementées*		Sur opérations en capital .... *plus-values réalisées sur la cession d'éléments de l'actif immobilisé*	
Participation des salariés aux fruits de l'expansion..........			
Impôts sur les bénéfices..........			
Solde créditeur = bénéfice..........		**Solde débiteur = perte**	
Total		**Total**	

➜ La production stockée (produits)

Du côté des produits, il faut ***ajouter*** la ***variation du stock*** de biens produits par l'entreprise.

En effet, si le stock a augmenté, cela indique que la production réelle de l'exercice est supérieure au chiffre d'affaires – qui n'enregistre que la production vendue – ; il faut donc augmenter les produits d'un montant équivalent.

En revanche, si le stock a diminué, cela signifie que l'on a vendu les produits de l'année plus une partie de ceux de l'année précédente qui étaient en stock en début d'exercice; le chiffre d'affaires surestime les produits de l'exercice: il faut diminuer les produits du montant correspondant.

Il suffit de retenir que l'on doit ***ajouter la variation des stocks dans les produits*** (parce qu'ajouter un nombre positif augmente les produits et qu'ajouter un nombre négatif diminue les produits).

II. Introduction à l'analyse financière

Nous nous concentrerons sur trois types de questions essentielles que le gestionnaire peut se poser à la lecture des comptes d'une entreprise.

En premier lieu, quels sont ***les autres résultats*** importants et significatifs de l'entreprise en dehors du ***résultat ultime*** que constitue le bénéfice (ou la perte) ?

Mais il ne suffit pas d'avoir de bons résultats et de « gagner de l'argent ». Il faut savoir si l'on en gagne « assez » par rapport aux efforts et aux capitaux engagés dans l'entreprise. Autrement dit, l'entreprise est-elle ***rentable***?

Enfin, même si l'entreprise est rentable, elle n'est pas à l'abri d'un problème de trésorerie à court terme et, à long terme, elle doit s'interroger sur le mode de financement optimal; c'est le problème de ***l'équilibre financier***.

A– Les résultats: les soldes intermédiaires de gestion

Le résultat de l'exercice, solde général du compte de résultat, ne donne en lui-même aucune information sur les raisons pour lesquelles l'entreprise réalise une perte ou un bénéfice. Pour en savoir plus, il est nécessaire de remonter à l'intérieur du compte et d'examiner plus en détail quelques étapes importantes dans la formation du résultat final. Cet examen consiste plus précisément à faire apparaître quelques soldes intermédiaires significatifs pour la gestion de l'entreprise.

LES SOLDES INTERMÉDIAIRES DE GESTION

1) **Marge commerciale**..	Ventes de marchandises – achats de marchandises
2) **Production de l'exercice**	Production vendue + production stockée + production immobilisée
3) **Valeur ajoutée**...	Production de l'exercice + marge commerciale – consommations en provenance de tiers
4) **Excédent brut d'exploitation**.........................	Valeur ajoutée + subventions d'exploitation – impôts et taxes – frais de personnel
5) **Résultat d'exploitation**	Excédent brut d'exploitation + autres produits d'exploitation – autres charges d'exploitation
6) **Résultat financier**..	Produits financiers – charges financières
7) **Résultat courant avant impôt**.........................	Résultat d'exploitation + résultat financier
8) **Résultat exceptionnel**	Produits exceptionnels – charges exceptionnelles
9) **Résultat de l'exercice**..	Résultat courant avant impôt + résultat exceptionnel – participation des salariés – impôt sur les bénéfices

1. Les trois résultats : exploitation, financier, exceptionnel

La seule présence d'un bénéfice de l'exercice, même confortable, n'est pas en soi le signe d'une saine gestion. En effet, un résultat exceptionnel et/ou un résultat financier importants peuvent dissimuler une performance très médiocre de l'entreprise dans son activité courante (mesurée par le résultat d'exploitation). Inversement, une perte de l'exercice peut masquer une activité efficace mais desservie cette année-là par une perte exceptionnelle sans lien aucun avec la qualité de la gestion. Ou encore la perte peut être imputable à des charges financières excessives. *A priori*, une entreprise efficace est celle qui dégage déjà un bon résultat au niveau de l'exploitation, c'est-à-dire à l'occasion de son activité productive.

2. La performance productive et commerciale : la « valeur ajoutée »

La « marge commerciale » est un indicateur de performance dans les activités strictement commerciales de l'entreprise, c'est-à-dire celles qui consistent en la simple revente, ***sans transformation***, de marchandises achetées à des fournisseurs extérieurs. Le plus souvent, on calcule un ***taux de marge*** qui exprime la marge ***en pourcentage du chiffre d'affaires*** et on le compare aux taux de marge habituels dans la profession. Une analyse plus fine suppose d'étudier ce taux de marge par produits pour identifier les secteurs les plus rémunérateurs.

Le « chiffre d'affaires » (somme des ventes de marchandises et de la production vendue) est une mesure de la performance et de la puissance commerciale de l'entreprise. Il permet de calculer la part de marché, en l'exprimant en pourcentage du chiffre d'affaires total de toutes les entreprises présentes dans un secteur d'activité donné.

Cependant, la production vendue par l'entreprise incorpore des biens et services qui n'ont pas été produits par l'entreprise et qu'elle a dû acheter à des tiers : les « ***consommations en provenance de tiers*** », que les économistes appellent aussi les « ***consommations intermédiaires*** ». Il importe donc de savoir si, par rapport à ces achats de biens et services nécessaires à la production, l'entreprise dégage une marge ou une valeur satisfaisante. On calcule donc la « valeur ajoutée » en faisant la différence entre la production de l'exercice et les consommations intermédiaires, à laquelle on ajoute la marge commerciale (qui représente la valeur ajoutée par l'entreprise aux marchandises revendues sans transformation). Notons que, dans ce calcul, on tient compte de toute la production (y compris donc la production stockée ou immobilisée) parce que les consommations intermédiaires de l'entreprise contribuent à la réalisation de tous les produits, qu'ils soient vendus ou non.

La valeur ajoutée, comme son nom l'indique, mesure ce que l'entreprise ajoute par son travail à la valeur des biens et services produits par d'autres. Elle mesure donc ***l'apport réel de l'entreprise à la production nationale***, et constitue le seul indicateur de production pertinent au niveau macroéconomique.

La valeur ajoutée permet d'évaluer l'efficacité des facteurs de production. Si l'on souhaite mesurer la « productivité » du travail, par exemple, on calcule un produit par tête en effectuant le rapport **valeur ajoutée/effectifs salariés**, ou encore une productivité horaire avec le rapport **valeur ajoutée/heures de travail.**

3. Répartition de la valeur ajoutée et excédent brut d'exploitation

La valeur ajoutée correspond à une richesse supplémentaire née de la combinaison des facteurs de production dans l'entreprise ; il s'agit donc d'un revenu supplémentaire pour la collectivité. Le processus de production est l'occasion d'un premier partage de ce revenu entre les travailleurs, l'État et l'entreprise. Une partie de la valeur ajoutée va servir à payer les salaires, traitements et charges sociales ; une autre partie sera versée à l'État sous forme d'impôts et taxes ; ce qui reste à l'entreprise est l'« ***excédent brut d'exploitation*** ». Notons que pour le calculer, on ajoute les subventions d'exploitation de façon à ne bien déduire en impôts que des montants réellement versés à l'État (nets des subventions reçues).

L'excédent brut d'exploitation est donc la part qui revient à l'entreprise dans la ***répartition primaire de la valeur ajoutée***. Il est le dernier indicateur de la performance économique avant incidence des décisions de gestion financière ; ensuite viennent en effet les amortissements et provisions et le résultat financier.

4. L'autofinancement

Pour finir, le compte de résultat permet de calculer un élément important dans l'analyse du financement des investissements de l'entreprise. Pour poursuivre son activité et se développer, l'entreprise a besoin d'investir dans le remplacement et le renouvellement des moyens de production. Pour cela, elle peut emprunter des ressources externes et/ou « autofinancer » les investissements. La capacité d'autofinancement de l'entreprise dépend de l'excédent de trésorerie qu'elle dégage sur l'exercice. Elle est égale à la différence entre toutes les recettes et toutes les dépenses correspondant effectivement à des sorties de trésorerie ; il s'agit donc du résultat de l'exercice avant distribution des bénéfices et avant constitution des dotations aux amortissements et provisions (qui ne correspondent pas à une sortie effective) ; on l'appelle aussi « marge brute d'autofinancement » ; il s'agit d'une notion voisine de celle recouverte par l'expression anglaise « ***cash-flow*** ».

Marge brute d'autofinancement = Résultat de l'exercice après impôt et avant distribution + Dotations aux provisions et amortissements.

B – La rentabilité

Le terme de rentabilité désigne la capacité qu'a une activité de dégager un revenu supérieur à celui qui a été engagé pour mener à bien cette activité.

1. Les principaux ratios de rentabilité

On peut apprécier la rentabilité de l'entreprise de différents points de vue.

→ La rentabilité commerciale ou d'exploitation

$$\frac{\textbf{Excédent brut d'exploitation}}{\textbf{Chiffre d'affaires}}$$

Ce ratio indique la capacité à dégager un revenu satisfaisant sur les ventes. Calculé par secteurs, il peut aider à choisir le « portefeuille » optimal d'activités. Certains secteurs d'activité, au marché large, autorisent un chiffre d'affaires élevé mais sont moins rentables que d'autres parce que les coûts de production y sont élevés et que la concurrence maintient les prix à des niveaux assez bas. On doit se demander si les moyens de production importants engagés « à faire du chiffre » dans ces secteurs ne seraient pas mieux employés dans des activités présentant une meilleure profitabilité.

→ La rentabilité financière

Les actionnaires ou associés comparent les fonds qu'ils ont investis dans l'entreprise et les bénéfices qu'ils en retirent ; ils s'intéressent donc aux taux de rentabilité suivants :

$$\textbf{Rentabilité des capitaux propres} = \frac{\textbf{Résultat de l'exercice}}{\textbf{Capitaux propres}}$$

$$\textbf{Bénéfice par action} = \frac{\textbf{Résultat de l'exercice}}{\textbf{Nombre d'actions émises}}$$

Le premier ratio est un indice de la rentabilité de l'ensemble des fonds appartenant aux propriétaires de l'entreprise et engagés dans celle-ci. Le taux de rendement des capitaux investis dans l'entreprise devra être comparé aux taux de rendement des autres placements financiers. Le second ratio indique simplement le bénéfice annuel associé à la détention d'une action.

Du point de vue de l'efficacité de la gestion, et s'il s'agit davantage d'évaluer la performance des managers que de mesurer ce que rapporte l'activité aux actionnaires, la rentabilité financière peut aussi être appréciée par le ratio suivant :

$$\frac{\textbf{Résultat de l'exercice}}{\textbf{Capitaux permanents}}$$

Ce ratio indique le bénéfice pour chaque euro confié au manager de façon durable pour financer son activité (que les capitaux soient propres ou empruntés).

➜ *Le Price earning ratio* (ou « PER »)

L'appréciation de l'actionnaire sur l'intérêt que représente son investissement dans l'entreprise peut dépendre de deux éléments : le bénéfice par action et la valeur de l'action en Bourse.

Le petit actionnaire s'intéresse au flux de revenu associé à la détention d'une action, c'est-à-dire au bénéfice distribué par action (les dividendes). En revanche, un actionnaire important, plus directement concerné par la bonne gestion de l'entreprise, s'intéresse au bénéfice par action, qu'il soit distribué ou réinvesti dans la société.

Mais l'actionnaire s'inquiète aussi de la valeur de son capital, et donc du cours de l'action en Bourse. Aussi est-il utile de suivre un indicateur synthétique de ces deux centres d'intérêt : le *Price earning ratio* (ou « PER »).

$$\text{PER} = \frac{\textbf{Cours de l'action}}{\textbf{Bénéfice par action}}$$

Un PER de 10, par exemple, signifie que l'action vaut sur le marché 10 fois le bénéfice par action. Un investisseur d'abord motivé par la valorisation de son capital souhaitera détenir de préférence des actions dont le PER est le plus élevé possible.

2. Le point mort

On peut se demander à partir de quel niveau d'activité l'entreprise dégage un bénéfice d'exploitation ; ce niveau s'appelle le « point mort ».

Il est rare qu'une activité puisse dégager un bénéfice dès son démarrage. En effet, dans l'évaluation de toute activité, on peut distinguer des charges fixes qui sont indispensables au démarrage mais sont ensuite indépendantes du volume de production et de vente. À ces coûts fixes viennent ensuite s'ajouter des coûts variables liés à l'augmentation de la production. Les coûts fixes de départ ne peuvent être couverts que par la marge dégagée sur les coûts variables. Au fur et à mesure que le chiffre d'affaires augmente, l'entreprise dégage une marge plus importante ; il arrive un moment où la marge sur les coûts variables compense exactement les coûts fixes ; on a atteint alors le point mort où le bénéfice est nul ;

en deçà de ce point, l'entreprise dégage une perte, au-delà elle réalise un bénéfice d'exploitation. Il suffit donc de calculer pour quel niveau de chiffre d'affaires la marge accumulée est égale aux coûts fixes. Si l'on connaît le taux de marge sur coûts variables, c'est-à-dire la marge dégagée pour un euro de chiffre d'affaires, le point mort se calcule facilement. On cherche un chiffre d'affaires tel que :

(chiffre d'affaires) × (taux de marge sur coûts variables) = charges fixes.

Le point mort est donc un chiffre d'affaires égal à :

$$\textbf{Point mort} = \frac{\textbf{Charges fixes}}{\textbf{Taux de marge sur coûts variables}}$$

Le concept de point mort ne donne qu'une première idée grossière du seuil de rentabilité ; il ne constitue pas un critère opérationnel de gestion. En effet, l'entreprise a en général plusieurs produits qui présentent des taux de marges et supposent des frais fixes différents ; une évaluation moyenne du point mort n'a alors que peu d'intérêt. De plus, le point mort est un concept de court terme. Il suppose que les frais fixes et le taux de marge ne changent pas quand l'entreprise développe son activité. Cela n'est vrai qu'à court terme et pour une échelle de production donnée.

C– L'équilibre financier

1. Le bilan financier

Pour analyser la structure financière de l'entreprise, on a généralement recours à une version simplifiée et retraitée du bilan.

La préoccupation majeure étant de contrôler si la durée des ressources est adaptée à la durée des emplois, on reclasse tous les éléments de l'actif par ordre de liquidité croissant et tous ceux du passif par ordre d'exigibilité croissant (en partant du haut du bilan). La ***liquidité*** est la propriété qu'a un actif de pouvoir être transformé ***plus ou moins rapidement en un moyen de paiement immédiat*** ; l'exigibilité est la propriété qu'a une ressource (une dette) de voir son ***remboursement exigé plus ou moins rapidement*** par un créancier de l'entreprise.

Ensuite, pour dresser le bilan financier, on regroupe tous les éléments en quelques grandes catégories.

– À l'actif, tout emploi dont la durée est supérieure à un an est classé en « actif immobilisé » ; tout le reste est en « actif circulant » ; on ne retient bien entendu que les valeurs nettes de l'actif.

– Au passif, on distingue les capitaux propres, les « dettes à moyen et long terme » (à plus d'un an d'échéance) et les « dettes à court terme » (à moins d'un an d'échéance). La somme des capitaux propres et des dettes à moyen et long terme constitue les « capitaux permanents », c'est-à-dire l'ensemble des ressources à plus d'un an sur lesquelles peut compter l'entreprise.

Notons que pour établir le bilan financier, l'analyste doit reclasser dans l'une des grandes catégories ci-dessus les provisions pour risques et charges et les comptes de régularisation, selon leur nature, la réalité des charges ou des produits et l'échéance prévue ou prévisible.

BILAN FINANCIER

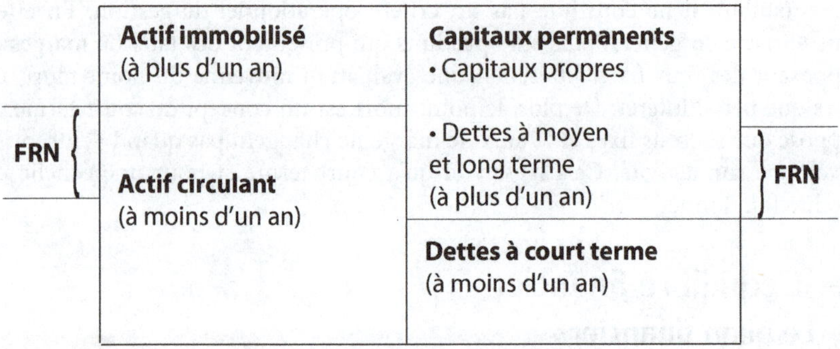

2. Le fonds de roulement (FRN)

On a donc, en haut du bilan financier, les emplois les plus longs (à gauche) et les ressources les plus longues (à droite) et, en descendant, des emplois et des ressources de plus en plus courts.

L'équilibre financier minimum veut que des emplois longs (actif immobilisé) soient financés par des ressources longues (capitaux permanents). On voit mal une entreprise acheter les terrains sur lesquels elle construit ses installations techniques à l'aide d'une autorisation de découvert sur son compte en banque ! Par contre, il n'est pas indispensable d'émettre un emprunt à long terme pour financer la constitution d'un stock de marchandises qui sera revendu dans six mois.

Cependant, en règle générale, il ne suffit pas que les capitaux permanents soient égaux à l'actif immobilisé (ou, ce qui revient au même, que les dettes à court terme soient égales à l'actif circulant) pour assurer la sécurité financière de l'entreprise :

– En effet, comme nous allons l'expliquer ci-dessous, les dettes à court terme ne suffisent pas à financer l'actif circulant parce que celui-ci immobilise en fait certains fonds en permanence.

– Par ailleurs, l'entreprise n'est pas à l'abri d'un accident de trésorerie : un stock se vend beaucoup plus lentement que prévu ; une créance sur un client s'avère brusquement irrécouvrable, etc.

Pour assurer le financement des actifs circulants et faire face aux aléas, il faut donc disposer, en plus des dettes à court terme, d'un fonds de sécurité. Ce fonds de sécurité s'appelle le « ***fonds de roulement net*** » (***FRN***).
On le calcule de deux façons équivalentes :

FRN = capitaux permanents – actif immobilisé

ou encore :

FRN = actif circulant – dettes à court terme

3. Le besoin en fonds de roulement

La question est de savoir quel est le niveau souhaitable de ce fonds de roulement pour assurer l'équilibre financier de l'entreprise.

Bien que les actifs circulants se transforment normalement en liquidités en moins d'un an, leur financement exige en partie des ressources à plus d'un an. En effet, même si le stock est destiné à être vendu dans l'année, et donc à être transformé en disponibilités financières immédiates, il devra être, au moins en partie, reconstitué. L'entreprise ne pouvant fonctionner sans un stock minimum, la valeur de ce stock est en fait immobilisée en permanence dans l'entreprise ; les produits « circulent », mais pas les fonds immobilisés dans ce stock minimum ; il s'agit donc d'un besoin de financement permanent et non pas à court terme, qui doit être financé par des ressources durables. Par ailleurs, l'entreprise ne peut fonctionner sans accorder des délais de paiement à une partie de sa clientèle. Elle détient donc en permanence des créances à court terme qui, certes, sont liquidées rapidement, mais remplacées par d'autres. Là encore, ce sont les créances qui « circulent », mais pas la valeur du portefeuille minimum de crédits à la clientèle ; l'entreprise a ainsi, en permanence, de l'argent qui « est dehors », ce qui réclame des ressources permanentes équivalentes.

Ainsi, les dettes à court terme ne suffisent pas à financer une partie de l'actif circulant, et l'entreprise a besoin de capitaux permanents supplémentaires. Mais pour estimer avec précision ce besoin en fonds de roulement, il faut aussi tenir compte de l'autre côté du bilan.

Au passif, en effet, certaines ressources à court terme qui se renouvellent en permanence constituent en fait des ressources durables. Ainsi, les dettes à court terme vis-à-vis des fournisseurs doivent bien être remboursées à moins d'un an, mais elles sont en partie remplacées par d'autres dettes correspondant à de nouvelles fournitures; bien que l'entreprise règle toutes ses dettes, il existe un montant minimum de dette permanente correspondant à de l'argent qui, en fait, ne sort jamais de l'entreprise; une partie des dettes à court terme constitue ainsi une source de financement durable.

Le besoin en fonds de roulement net (BFRN) est donc calculé en faisant la différence entre les besoins de financement liés aux actifs circulants et les ressources financières permanentes issues des dettes à court terme. On compare ensuite le fonds de roulement net effectif au besoin en fonds de roulement, afin de savoir si l'entreprise couvre correctement ses besoins et dispose éventuellement d'un volant de trésorerie.

Trésorerie = fonds de roulement net - besoin en fonds de roulement.

Le besoin en fonds de roulement exprime des besoins incontournables et prévus, liés à l'exploitation « normale » de l'entreprise. La trésorerie représente la marge de sécurité que constitue l'entreprise pour parer aux besoins de liquidités imprévus.

4. Les principaux ratios de structure financière

➜ La liquidité

Les ratios ci-dessous examinent la capacité qu'a l'entreprise d'assurer le remboursement de ses dettes à court terme. Ils sont directement issus de l'analyse du fonds de roulement.

$$\textbf{Ratio de liquidité générale} = \frac{\textbf{Actif circulant}}{\textbf{Dettes à court terme}}$$

On l'appelle aussi « ***ratio de fonds de roulement net*** ». En effet, selon que ce ratio est inférieur, égal ou supérieur à 1, le fonds de roulement net est respectivement négatif, nul ou positif.

Mais l'actif circulant comprend les stocks dont la transformation en liquidités est probable, mais ni automatique, ni instantanée. On mesure donc mieux la capacité de mobiliser rapidement des liquidités pour faire face au remboursement des dettes à court terme en reprenant le même calcul sans les stocks. On obtient le ratio suivant :

$$\textbf{Ratio de trésorerie immédiate} = \frac{\textbf{Actif circulant} - \textbf{stocks}}{\textbf{Dettes à court terme}}$$

→ La solvabilité

Si l'on s'intéresse à la solvabilité générale de l'entreprise, c'est-à-dire à sa capacité de rembourser ***toutes*** les dettes exigibles, deux approches complémentaires sont envisageables.

1) La capacité à mobiliser les fonds nécessaires en liquidant tous les actifs réels, c'est-à-dire susceptibles d'être revendus.

$$\text{On calcule :} \frac{\textbf{Actif réel}}{\textbf{Dettes exigibles}}$$

2) L'ampleur de l'engagement des propriétaires et de la responsabilité qu'ils assument.

$$\text{On calcule :} \frac{\textbf{Capitaux propres}}{\textbf{Dettes exigibles}}$$

→ L'indépendance financière

On s'intéresse ici à l'équilibre entre les capitaux propres et les différentes ressources empruntées. Le second ratio de solvabilité présenté ci-dessus est aussi un ratio indiquant le rapport entre les deux modes de financement de l'entreprise : interne et externe. Mais, pour l'examen de la stratégie de financement à moyen et long terme, il est préférable de se concentrer sur les ressources à plus d'un an. Le ratio essentiel est alors :

$$\textbf{Ration d'indépendance financière} = \frac{\textbf{Capitaux propres}}{\textbf{Dettes à plus d'un an}}$$

En règle générale, pour qu'elles consentent un prêt, les banques estiment que ce ratio doit être au moins égal à 1 : pour chaque euro prêté pour financer un emploi à moyen et long terme, l'entreprise doit apporter 1 euro. La logique économique qui sous-tend cette approche est la suivante : les capitaux propres doivent financer la partie risquée de l'activité, tandis que les capitaux empruntés ne font qu'anticiper sur des profits futurs qui garantissent le remboursement. Si l'entreprise réalise des profits importants, ce sont les propriétaires qui en bénéficieront et non les apporteurs de capitaux extérieurs ; c'est donc aux propriétaires qu'il revient d'assumer financièrement les risques de perte.

→ Rentabilité et indépendance : l'effet de levier

Cependant, le souci des managers ou l'exigence des banquiers en matière d'indépendance financière entre en contradiction avec la rentabilité financière. En effet, le recours à l'endettement peut améliorer la rentabilité des capitaux propres : c'est ce que l'on appelle l'« effet de levier ». À la limite, un manager a toujours intérêt à financer un investissement par emprunt si son taux de rendement dans l'entreprise dépasse le taux d'intérêt de l'emprunt. Dans ce cas, en effet, l'investissement va dégager un bénéfice net après déduction du coût du crédit ; il augmente donc les profits de l'entreprise sans augmenter les capitaux propres engagés par les propriétaires ; l'augmentation du taux de rentabilité des capitaux propres est maximum.

Mais à trop appuyer sur ce « levier » pour faire monter la rentabilité financière de l'entreprise, on la rend de plus en plus dépendante des financiers extérieurs et l'on finit par buter sur une contrainte de solvabilité, c'est-à-dire par atteindre un taux d'endettement tel que plus personne n'ose prêter d'argent à l'entreprise, alors même qu'elle dépend totalement de cette capacité d'emprunt. Il peut s'ensuivre une sérieuse crise financière qui obligera l'entreprise à « restructurer son bilan », c'est-à-dire à se désendetter et à reconstituer ses fonds propres.

chapitre 3

Les comptes de la nation

1. Les acteurs et les fonctions économiques

La plupart des problèmes économiques (chômage, inflation, déficit extérieur, développement, récession…) sont ***macroéconomiques***, c'est-à-dire qu'ils n'ont de signification et d'importance qu'appréhendés au niveau de l'économie nationale ou mondiale. Mais les phénomènes économiques sont toujours la résultante de millions de décisions ***microéconomiques*** prises par les individus, en tant que consommateur, chef d'entreprise, représentant syndical, ministre, etc. Pour appréhender au plan global (national ou international) des phénomènes résultant de millions de choix microéconomiques, il faut d'abord procéder à une ***opération d'agrégation*** qui consiste à regrouper dans des grandeurs globales et économiquement significatives la multitude des opérations microéconomiques. Ainsi, on regroupe les millions de décideurs en seulement quelques catégories d'agents économiques : les ménages, les entreprises, les administrations, par exemple. De même, on regroupe les millions d'opérations en catégories homogènes (opérations sur biens et services, opérations de répartition du revenu, opérations financières), à l'intérieur desquelles il faut définir clairement les opérations élémentaires (production, investissement, consommation, etc.).

Ce travail de définition et d'agrégation est réalisé par la comptabilité nationale, qui enregistre ou estime la valeur des opérations économiques effectuées par les différents agents. Elle cherche ensuite à présenter l'information collectée dans un cadre comptable qui reflète au mieux la logique du fonctionnement d'une économie moderne. Aussi ce cadre est-il en fait une transcription la plus fidèle possible d'une représentation théorique issue de l'analyse économique. Certes, les concepts abstraits issus de l'analyse économique sont parfois difficiles à mesurer ou à intégrer dans un cadre comptable (exemples : un entrepreneur individuel est-il une entreprise ou un ménage ? L'achat d'une voiture est-il une consommation ou un investissement ?). Mais, sous réserve de bien connaître les limites propres aux instruments de mesure disponibles, la comptabilité nationale offre une vision remarquable de l'articulation des opérations économiques et des relations entre les différents acteurs de l'économie.

Le système de comptabilité nationale actuellement en vigueur est le ***Système européen de comptes*** (dénommé ***SEC 95***), entré progressivement en application à partir de 1999. Les deux chapitres que nous lui consacrons ne visent pas à une présentation exhaustive de la comptabilité nationale, même si le lecteur y trouvera l'essentiel des concepts et des outils qu'elle développe. Notre but est ici de ne retenir, dans la présentation des comptes de la nation, que ce qui est indispensable à la compréhension des mécanismes économiques et de l'analyse macroéconomique.

I. Les acteurs de l'économie nationale : les secteurs institutionnels

1. Agent économique et secteur institutionnel

Dans les comptes de la nation, l'agent économique élémentaire est une « ***unité institutionnelle*** ».

Une unité institutionnelle est un acteur indépendant de la vie économique, composé d'une ou plusieurs personnes physiques ou morales, mais constituant un centre unique de décision autonome dans l'exercice de sa fonction économique principale.

Les unités institutionnelles sont regroupées en « ***secteurs institutionnels*** » dont les frontières reposent sur la fonction économique principale des unités et sur leur mode de financement. On distingue ainsi ***cinq secteurs institutionnels***: ménages, sociétés non financières, sociétés financières, administrations publiques, institutions sans but lucratif au service des ménages (anciennes « administrations privées »). On ajoute ***un agent fictif, le reste du monde***, pour retracer toutes les opérations avec l'étranger. Notons ici que, par commodité de langage, nous emploierons souvent le terme « agent » pour désigner un secteur institutionnel ou les unités qui le composent.

Le regroupement des agents économiques et le nombre d'agents retenus sont affaire de convention. La comptabilité nationale, qui doit enregistrer toutes les opérations économiques effectives au cours de l'année, a besoin d'une nomenclature détaillée et précise des acteurs et des opérations. Mais l'économiste, qui s'attache à décrire les relations théoriques entre les variables de l'économie nationale, retient fréquemment un nombre d'agents plus limité que la comptabilité nationale. Le plus souvent, il ne retient que trois agents : ménages, entreprises (toutes activités confondues), État (pour désigner en fait l'ensemble des administrations publiques).

2. Les ménages (y compris les entrepreneurs individuels)

Chaque individu vivant seul ou chaque groupe d'individus habitant un même domicile constitue un ménage.

Les ménages ont deux fonctions économiques principales. Du côté de l'offre, ils ***fournissent des facteurs de production*** (temps de travail, équipements ou capitaux). Du côté de la demande, ils ***consomment les biens et les services*** en vue de satisfaire leurs besoins.

Les ***entrepreneurs individuels*** posent un problème particulier à la comptabilité nationale dans la mesure où ils constituent à la fois un ménage et une entreprise ; le centre de décision et le patrimoine de ces entreprises étant indissociables des ménages, la comptabilité nationale classe les entrepreneurs individuels dans les ménages, mais fait apparaître distinctement leurs opérations dans les comptes des ménages.

3. Les sociétés non financières (SNF)

Les entreprises rassemblent les facteurs de production et les utilisent pour créer ou distribuer des biens ou des services. La fonction principale des entreprises non financières consiste à ***produire des biens et des services marchands non financiers***.

Les sociétés non financières comprennent toutes les unités non financières qui retirent au moins la moitié de leurs ressources de la vente de biens et services sur les différents marchés (à l'exception des entreprises individuelles, classées dans les ménages).

Cela recouvre donc :
- toutes les sociétés privées ou publiques ;
- les unités de production publiques qui, juridiquement, sont rattachées aux administrations, mais qui répondent au critère de ressources énoncé ci-dessus ;

- certaines associations à but non lucratif mais qui fournissent des services aux sociétés privées et sont financées par elles (exemple : les syndicats patronaux).

4. Les sociétés financières (SF)

Les sociétés financières ont pour fonction principale la fourniture de services financiers au sens large puisque la comptabilité nationale y inclut la fourniture de services d'assurance.

Les sociétés financières ***assurent principalement le financement de l'économie***. Cette fonction recouvre essentiellement trois activités :
- les sociétés financières servent d'intermédiaire entre les agents non financiers qui disposent de capacités de financement et ceux qui ont des besoins de financement ;
- elles transforment les capacités de financement, souvent disponibles à court terme, en moyens de financement à moyen et long terme, plus adaptés aux besoins des emprunteurs ;
- elles assurent la circulation des moyens de paiement existants (la monnaie) et la création de moyens de paiement supplémentaires.

Le secteur des sociétés financières comprend :
- la banque centrale ;
- les autres institutions monétaires (intermédiaires financiers qui gèrent des dépôts : banques et caisses d'épargne) ;
- les autres intermédiaires financiers (intermédiaires financiers qui ne gèrent pas de dépôts et sont spécialisés dans le crédit) ;
- les auxiliaires financiers (activités financières autres que l'intermédiation, gestion de portefeuille, gestion de fonds de placement, etc.) ;
- les sociétés d'assurance.

5. Les administrations publiques (APU)

Les administrations publiques ont pour fonction principale la production de services collectifs non marchands, et sont principalement financées par des prélèvements obligatoires.

Le secteur « administrations publiques » comprend pour l'essentiel l'État, les collectivités locales, et les administrations de sécurité sociale. Ces organisations produisent essentiellement des services destinés à l'ensemble de la collectivité (services collectifs) et tirent au moins la moitié de leurs ressources de prélèvements obligatoires (impôts et cotisations sociales). Les entreprises publiques sont normalement classées dans les sociétés (financières ou non financières selon la nature de leur activité). Mais une entreprise déficitaire, dont la moitié des coûts au moins n'est pas couverte par les recettes des ventes, est enregistrée comme une administration publique.

6. Les institutions sans but lucratif au service des ménages (ISBLsm)

Les institutions sans but lucratif au service des ménages produisent essentiellement des services destinés aux ménages et sont essentiellement financées par des contributions volontaires des ménages ou des subventions des administrations.

Ce secteur regroupe l'essentiel des associations et des syndicats de travailleurs.

7. Le reste du monde (RDM)

Le reste du monde est un compte enregistrant toutes les relations économiques entre unités non résidentes et unités résidentes.

Une unité institutionnelle est considérée comme résidente si elle a un centre d'intérêt durable sur le territoire économique national, c'est-à-dire si elle y exerce une activité économique pendant au moins un an. Ainsi, un agent de nationalité étrangère, ou temporairement installé à l'étranger, peut être résident.

Le territoire économique national comprend tous les territoires placés sous l'autorité de la République française (DOM inclus) à l'exception des territoires d'outre-mer (TOM) et de Monaco, en excluant les enclaves territoriales étrangères en France (ambassades, consulats…) et en incluant les enclaves territoriales françaises à l'étranger.

II. Les fonctions économiques

On distingue trois catégories d'opérations économiques. Les ***opérations sur biens et services*** sont constituées par la production et ses divers emplois. Les ***opérations de répartition*** portent sur la formation et la redistribution des revenus. Les ***opérations financières*** sont liées à l'usage et l'échange des instruments financiers (monnaie, titres, crédits, etc.).

A– Les opérations sur biens et services

1. La production : une définition économique extensive

La production est l'activité qui consiste à créer des biens ou des services qui contribuent à satisfaire des besoins.

Parmi les produits on distingue donc :
- les ***biens***, qui sont des produits ***matériels*** (voitures, tomates, immeubles...) ;
- les ***services***, qui sont des produits ***immatériels***, c'est-à-dire n'entraînant pas la fabrication d'objets (coiffure, soins médicaux, leçons d'économie, transports...). On distingue les services marchands (vendus aux utilisateurs) des services non marchands (défense nationale, justice, police, éducation nationale, éclairage public, services rendus par les associations...), qui ne sont pas vendus sur les marchés mais financés par des prélèvements obligatoires ou par des contributions volontaires.

Il a fallu attendre les années 1870 pour que s'impose une conception de la production communément admise par les économistes. Elle est fondée sur la vision subjective de la valeur qui s'impose alors. La valeur est liée à l'utilité qu'un individu attache à une unité d'un bien ou d'un service quelconque (***l'utilité marginale***, *cf.* tome 2). Produire, c'est créer de la valeur et donc répondre à l'attente subjective d'un individu qui exprime un besoin. En conséquence, toute activité quelle qu'elle soit est ***productive*** dès l'instant où elle contribue à satisfaire un besoin d'un individu quelconque. En ce sens, une heure de méditation individuelle constitue une production au même titre qu'une tonne d'acier, et la défense nationale est aussi productive que l'industrie automobile. Certaines nomenclatures statistiques et un certain discours libéral ont contribué à vulgariser une distinction incorrecte entre des activités productives qui seraient le fait du secteur privé, et des activités non productives développées par les organisations publiques ou non marchandes. Mais si l'on se réfère à la théorie économique la plus orthodoxe, toute activité humaine est une production, dans la mesure où l'on ne voit pas pourquoi du temps et des moyens seraient consacrés à une activité qui ne répond pas au besoin d'au moins un individu.

2. La production dans les comptes de la nation

Si le concept théorique de production est très large, sa mesure statistique doit nécessairement se référer à une conception plus étroite. En effet, on ne peut comptabiliser que les activités ayant une valeur monétaire directement mesurable, ou du moins estimable. C'est bien entendu le cas pour les biens et services marchands (la ***production marchande***), que l'on évalue par le prix facturé par le producteur (prix dit « prix de base »). Pour obtenir une évaluation au « prix de marché » (prix pour l'utilisateur final), il suffit d'ajouter au prix de base les marges commerciales des distributeurs et les impôts grevant directement les produits (impôts nets des subventions publiques reçues par les producteurs).

Mais il existe aussi une production non marchande, plus ou moins délicate à mesurer. Ce n'est pas trop compliqué pour la ***production pour compte propre***: il s'agit de biens et services produits et réutilisés par les producteurs pour leur propre usage final ou intermédiaire (une entreprise qui fabrique une machine pour elle-même, l'autoconsommation de produits agricoles par les exploitants agricoles, ou encore les services de logement que les ménages propriétaires de leur logement produisent pour eux-mêmes, *cf. infra*). Ce type de production marchande est évalué en appliquant aux produits concernés le prix des produits équivalents qui sont, eux, vendus sur le marché.

Il est en revanche plus délicat de mesurer les services non marchands produits par les administrations publiques qui n'ont ni prix de vente ni, souvent, d'équivalent dans le secteur marchand. Aussi, jusqu'en 1976, la comptabilité nationale ne comptait dans la production que les biens et services marchands. On excluait de la sorte tous les services collectifs publics, qui pourtant satisfont des besoins essentiels (sécurité, éducation, santé, etc.). Par la suite, suivant en cela les recommandations de l'ONU pour l'harmonisation des comptes nationaux, la comptabilité nationale a élargi la mesure de la production aux services non marchands produits à l'aide de facteurs de production marchands (c'est-à-dire du travail salarié, des équipements achetés sur les marchés, des prestataires de services payants, etc.). On peut en effet évaluer ces services non marchands ***par le coût des facteurs marchands qui ont contribué à leur production***. Certes, la méthode est imparfaite dans la mesure où elle revient à considérer que plus la production du service est coûteuse, plus le service effectivement rendu augmente. Mais il vaut mieux accepter une mesure imparfaite dont on connaît les limites qu'ignorer complètement une part essentielle de la production nationale. C'est pour cette dernière raison que l'on tente parfois aussi d'estimer la production dissimulée (activités marchandes légales mais non déclarées, travail « au noir »).

Notons que, en dépit de cet élargissement progressif de la production mesurée, la comptabilité nationale continue à exclure des activités productives importantes: le travail domestique, le travail bénévole, les biens et services échangés clandestinement lorsqu'on est incapable d'en proposer une estimation fiable.

3. La consommation : une définition théorique

La consommation est un acte de destruction ou de transformation de biens et services en vue de satisfaire un besoin ou de produire d'autres biens et services.

La consommation finale est l'utilisation de biens et services à leur stade final de production en vue de satisfaire directement les besoins des individus.

La consommation intermédiaire est l'utilisation de biens ou services qui sont détruits ou transformés dans un processus de production en vue de créer d'autres biens et services.

Un achat de tomates par un particulier pour son déjeuner est une consommation finale ; un achat de tomates par une entreprise pour fabriquer des conserves alimentaires est une consommation intermédiaire.

4. La consommation dans les comptes de la nation

Les concepts théoriques définis ci-dessus font l'objet de diverses adaptations dans les comptes de la nation.

L'***achat de biens durables*** (machines, équipements, véhicules, etc.) constitue en théorie un investissement plutôt qu'une consommation. Il est néanmoins compté comme une consommation finale quand il est le fait d'un ménage.

La consommation des ***services collectifs*** non marchands produits par les administrations pose un problème particulier. Ils contribuent en effet à la fois à la satisfaction directe des besoins individuels (consommation finale) et à produire un environnement favorable au développement des activités de tous les secteurs institutionnels (ils constituent à ce titre des consommations intermédiaires). Voyons comment la comptabilité nationale traite ce problème particulier.

Tout d'abord, on distingue la ***dépense de consommation*** et la ***consommation effective***. La ***dépense de consommation*** des ménages comprend les achats de biens et services des ménages, les dépenses de santé non remboursées par la sécurité sociale, les loyers fictifs des ménages propriétaires de leur logement (loyers qu'ils paieraient pour disposer d'un logement comparable et qui sont enregistrés comme des loyers que les ménages se paient à eux-mêmes).

La ***consommation effective*** des ménages comprend, outre leur dépense de consommation, les remboursements versés par les administrations de sécurité sociale, ainsi que les services publics non marchands pour lesquels on peut identifier les bénéficiaires directs et qui sont considérés de ce fait comme des services individuels (notamment éducation publique).

La valeur des services collectifs – les services des administrations qui ne peuvent être ventilés entre les différents agents (défense, police, justice, éclairage public, etc.) – est, par convention, enregistrée comme une ***consommation effective des administrations***. Cette convention répond à la logique économique. En effet, les ménages et les entreprises ne choisissent pas en fait le volume de leur consommation de justice, de défense nationale, d'éclairage public, etc. ; les administrations publiques constituent bien le centre de décision autonome en cette matière.

Enfin, signalons que la ***dépense de consommation des administrations*** recouvre l'ensemble des services collectifs et individuels qu'elles produisent. Ainsi, on a l'équivalence suivante :

Consommation finale totale = dépense de consommation totale
(des ménages et des administrations)
= consommation effective totale
(des ménages et des administrations).

5. La valeur ajoutée

Les agents produisent des biens et services en consommant d'autres biens et services qu'ils n'ont pas produits : les consommations intermédiaires. Si l'on veut mesurer la contribution propre d'un agent à la production nationale, il faut donc déduire de la valeur de sa production la valeur des consommations intermédiaires (qu'il n'a pas produites). On calcule ainsi sa valeur ajoutée :

Valeur ajoutée = production – consommations intermédiaires.

Prenons un exemple. Un fabriquant de bicyclettes achète des pneumatiques à une entreprise qui, à son tour, achète du caoutchouc à une troisième entreprise. On peut mesurer la production de chaque entreprise par la valeur marchande des biens qu'elle produit. Mais la valeur des bicyclettes inclut celle des pneumatiques qui, à son tour, inclut la valeur du caoutchouc. Quand on calcule le produit total des trois entreprises, si l'on additionne simplement la valeur de leurs productions, on compte trois fois la valeur du caoutchouc alors qu'il n'a été produit qu'une fois. La mesure exacte du produit total est la somme des valeurs ajoutées des trois entreprises ; en effet, en déduisant la consommation intermédiaire, on ne compte pas, dans le produit de chaque entreprise, des biens ou services produits par d'autres entreprises et déjà comptabilisés à ce titre dans la production totale.

Ainsi, quand on mesure le produit de la nation, il faut cumuler, non pas les productions, mais les valeurs ajoutées des différents agents. ***Le produit intérieur total d'un pays est donc la somme des valeurs ajoutées.***

6. La valeur ajoutée brute et le PIB

Toutefois, la mesure effective des valeurs ajoutées est imparfaite parce qu'on ne peut mesurer précisément toutes les consommations intermédiaires. En effet, on ne sait bien mesurer que la consommation des biens et services qui disparaissent rapidement dans le processus de production (par exemple, le caoutchouc pour la fabrication des pneumatiques). En revanche, il est difficile de mesurer précisément la consommation des machines, des outils, des installations techniques, des bâtiments, c'est-à-dire, en un mot, ***du capital***, dont l'usure est étalée dans le temps. Or il s'agit bien là d'une consommation intermédiaire: les machines et les outils s'usent, les bâtiments se détériorent, etc. ; le capital est détruit dans le processus de production, mais, au lieu de l'être instantanément ou presque comme les matières premières, par exemple, il l'est progressivement et lentement dans le temps. La comptabilité privée enregistre d'ailleurs cette consommation du capital en calculant l'amortissement (*cf.* chap. 2). Mais l'amortissement comptable des entreprises répond à des exigences fiscales ou de gestion qui ne correspondent pas vraiment à celles des comptables de la nation, qui souhaiteraient mesurer la consommation réelle du capital (un amortissement ***économique***).

Les comptables de la nation calculent bien un amortissement économique: la ***consommation de capital fixe***. Le système SEC 95 mis en application à partir de 1999 prévoit la publication de comptes avec des valeurs ajoutées nettes, et donc le calcul d'un produit intérieur net. Mais on considère cette consommation de capital fixe comme une approximation imparfaite, car on ne dispose pas encore d'une comptabilité nationale du stock de capital suffisamment précise pour calculer un amortissement économique vraiment fiable. Aussi persiste-t-on à utiliser principalement le produit intérieur brut. Retenons donc:

PIB = somme des valeurs ajoutées brutes (évaluées aux prix de marché).

7. L'investissement

Investir, au sens large, c'est consentir un coût immédiat en échange d'une satisfaction ou d'une production future.

Là encore, le concept théorique d'investissement est bien plus large que le concept statistique retenu dans les comptes de la nation. On peut donner quelques exemples d'investissement, au sens théorique, qui ne peuvent être comptabilisés : l'étudiant qui renonce à une sortie avec des amis pour préparer un examen ; l'employeur qui maintient l'emploi de travailleurs expérimentés en période de récession pour être sûr d'en disposer quand la reprise de l'activité se manifestera ; l'enseignant qui a consacré ses vacances à la rédaction d'un manuel, etc.

La mesure comptable de l'investissement doit se limiter à des opérations aisément quantifiables. Dans la comptabilité nationale, l'investissement total correspond au concept de formation brute de capital : il comprend la ***formation brute de capital fixe*** (FBCF), la ***variation des stocks*** et les ***acquisitions nettes d'objets de valeur***. Mesuré au niveau d'un agent particulier, l'investissement comprend en outre les ***acquisitions nettes de cessions d'actifs non produits*** (*cf.* explications *infra*).

➜ La formation brute de capital fixe (FBCF)

La FBCF est ***l'acquisition nette*** (acquisitions moins cessions) ***d'actifs fixes***.

Un actif fixe est un actif ***corporel*** (outil, bien d'équipement) ***ou incorporel*** (programme informatique, logiciel, œuvre artistique) issu d'un processus de production et réemployé pendant au moins un an dans d'autres processus de production.

Concrètement, la FBCF comprend essentiellement des achats de biens d'équipement ou de bâtiments par les entreprises, les achats de logements par les ménages (et leurs gros travaux d'entretien et de réparation). Le SEC 95 a innové en étendant la FBCF à des actifs incorporels (logiciels, œuvres artistiques), reconnaissant ainsi le concept d'investissement immatériel alors que, précédemment, l'investissement ne pouvait porter que sur des biens matériels.

La frontière entre FBCF et consommation n'est pas indiscutable mais affaire de convention : ainsi, une automobile achetée par une entreprise est enregistrée en FBCF alors qu'on la compte comme une consommation finale si elle est achetée par un particulier. Ce faisant, on s'efforce de classer les biens selon la logique de calcul économique dont ils semblent relever (satisfaction d'un besoin individuel ou achat d'un outil de production). De même, l'extension de la FBCF à des investissements immatériels pourrait aussi s'appliquer aux dépenses de recherche et développement, aux dépenses de formation du personnel, aux études de marché, etc.

➜ La variation des stocks

Il s'agit de l'augmentation ou de la diminution de tous les biens en stock : ***matières premières, produits en cours ou produits finis*** ; on ne peut pas stocker les services.

Comme nous allons le montrer, une augmentation des stocks correspond à une immobilisation plus importante de fonds et donc à un investissement. À l'inverse, une diminution des stocks correspond à un désinvestissement.

Le profane a souvent du mal à assimiler le stockage de biens à un comportement d'investissement, parce qu'il assimile les stocks à des produits que l'entreprise ne parvient pas à vendre. Or les entreprises constituent d'abord des stocks de matières premières ou de biens intermédiaires de façon à assurer un approvisionnement régulier de leurs unités de production. Elles constituent également des stocks de produits finis en sorte de répondre régulièrement à la demande et de limiter les délais de livraison à leurs clients. En achetant ou en produisant des stocks, l'entreprise supporte des coûts immédiats, en vue d'assurer la production et les ventes à venir dans des conditions optimales : il s'agit bien là d'un comportement d'investissement tel que nous l'avons défini plus haut. Bien entendu, un gonflement des stocks provoqué par une diminution inattendue des ventes est un investissement non programmé par l'entreprise, mais cela reste un investissement. L'entreprise peut en effet solder ses produits ou les donner pour réduire ses stocks ; si elle ne le fait pas, c'est qu'elle considère que la meilleure façon de s'adapter à la situation nouvelle qu'elle n'avait pas anticipée est encore de conserver les stocks.

Comme nous l'expliquerons plus en détail au chapitre suivant, ce type de situation met en évidence la différence essentielle entre l'équilibre comptable et l'équilibre économique. On enregistre dans les comptes de la nation l'investissement effectivement réalisé dans l'année par les agents, bon gré ou mal gré. Il se peut qu'à travers les opérations effectivement enregistrées, les agents ne parviennent pas à réaliser leurs plans de production, d'investissement, de consommation, etc. ; nous verrons que, dans ce cas, on peut parler de déséquilibre économique. Mais le fait qu'elles aient été désirées ou non au départ par les agents ne change pas la nature des opérations : le stockage, désiré ou non, reste un investissement (éventuellement contraint) ; l'épargne « forcée » dégagée par les ménages en raison de graves pénuries de biens de consommation reste une épargne, etc.

→ Les acquisitions nettes (acquisitions moins cessions) d'objets de valeur

On trouve ici l'acquisition d'objets qui ont un usage durable mais qui ne sont pas employés pour la production d'autres biens et services (achats de bijoux, œuvres d'art, métaux précieux, etc.).

Précédemment considérés comme des biens de consommation, ils ont été inclus par le SEC 95 dans la formation de capital, parce qu'ils peuvent être détenus durablement comme une réserve de valeur; de ce fait, ils constituent davantage un emploi de l'épargne qu'une dépense de consommation.

→ Les acquisitions nettes de cessions d'actifs non produits

Il s'agit des acquisitions d'actifs corporels (terrains) ou incorporels (brevets, licences, droits d'auteur, etc.) qui ne sont pas des produits nouveaux et ne viennent donc pas augmenter le stock de biens d'investissement employé par la nation (elles sont enregistrées nettes des cessions éventuelles d'actifs du même type). En ce domaine, une acquisition (un investissement) par un agent particulier a forcément pour contrepartie une vente (un désinvestissement) d'un autre agent. Ce type d'opération modifie donc le montant d'investissement et le patrimoine de chaque agent particulier, mais n'affecte pas le montant total de l'investissement de la nation. Au plan de l'économie nationale, donc, l'investissement ne comprend que la formation brute de capital décrite ci-dessus.

8. Le commerce extérieur

Les ***importations*** sont les biens et services fournis par des agents non résidents à des agents résidents, à titre onéreux ou gratuit. Les ***exportations*** sont les biens et services fournis par des agents résidents à des agents non résidents, à titre onéreux ou gratuit.

Notons qu'***importations et exportations sont évaluées FAB*** (franco à bord; FOB dans la terminologie anglaise), c'est-à-dire à leur valeur au départ du territoire national, en excluant le coût des services de transport et d'assurance nécessaires à leur acheminement vers l'étranger. (N.B. : Avant 1999, les importations étaient évaluées CAF [coût, assurance, fret; CIF dans la terminologie anglaise], c'est-à-dire à leur prix une fois sur le territoire national, incluant les coûts des services nécessaires à leur acheminement depuis l'étranger).

B – Les opérations de répartition

Les opérations de répartition comprennent l'ensemble des opérations contribuant à la formation, la circulation et la redistribution du revenu des différents agents économiques. Comme nous le montrerons plus précisément au chapitre suivant, ces opérations ne modifient pas le revenu national; il s'agit simplement de ***transferts***, d'un agent vers un autre, des revenus préexistants issus de la production; la répartition ne détermine donc pas le revenu national, mais elle détermine le revenu disponible d'un agent ou d'un secteur institutionnel particulier, c'est-à-dire le revenu dont il peut disposer librement pour la consommation ou l'épargne.

Certains transferts sont la ***contrepartie directe*** de la fourniture d'un facteur ou d'un service (exemple : les entreprises versent des salaires en contrepartie d'un travail) ; d'autres transferts sont ***sans contrepartie directe*** (exemple : l'administration verse une subvention à une entreprise). Enfin, nous verrons que, dans l'ensemble des opérations de répartition, on traite à part les ***transferts en capital***, qui constituent des transferts d'épargne.

Nous reprenons ci-dessous les grands postes de la nomenclature des opérations de répartition.

→ Rémunération des salariés

La rémunération des salariés comprend les ***salaires, traitements, primes, avantages en nature reçus*** par les travailleurs, ainsi que les ***cotisations sociales à la charge des employeurs.*** Ces dernières comprennent des ***cotisations sociales effectives*** (sommes versées par les employeurs aux organismes de protection sociale) et des ***cotisations sociales imputées*** (contrepartie des prestations sociales fournies directement par les employeurs à leurs employés).

→ Impôts sur la production et les importations

Ces impôts comprennent les ***prélèvements obligatoires*** effectués, comme leur nom l'indique, à l'occasion de la production ou des importations. Ils excluent donc, par exemple, les impôts sur le revenu ou la fortune, mais incluent la TVA, les prélèvements au profit de la CEE, les droits de douane, les taxes assises sur les salaires ou la main-d'œuvre, et toutes les taxes spécifiques attachées à certains produits (tabac, alcool, jeux, etc.).

→ Subventions

Il s'agit des aides versées par les administrations publiques ou les institutions communautaires à l'occasion d'importations, ou des opérations courantes liées à l'activité de production d'un agent (les ***opérations courantes*** excluent les opérations d'investissement) : subventions d'exploitation, bonifications d'intérêt, subventions sur rémunérations, etc.

→ Revenus de la propriété

Ils comprennent l'ensemble des revenus ***tirés de la possession d'un actif corporel*** (terrain, immeuble, équipement, etc.), ***incorporel*** (brevet, licence, droit d'auteur…) ***ou financier*** (actions, obligations, etc.). Il s'agit donc des intérêts, dividendes et autres participations aux bénéfices, royalties, etc.

Attention : les loyers ne sont pas des revenus de la propriété mais le prix d'un service de logement, et sont donc intégrés dans la production (des ménages pour l'essentiel).

→ Impôts courants sur le revenu et le patrimoine

On trouve ici ***la plupart des impôts*** (hormis les impôts sur la production et les importations évoqués ci-dessus, et quelques impôts en capital traités ci-dessous) : impôt sur le revenu des personnes physiques, impôt sur les bénéfices, impôt sur la fortune, etc.

→ Transferts sociaux

Nous regroupons sous cet intitulé trois postes de la nomenclature des opérations de répartition :
– les ***cotisations sociales des employeurs, des salariés, des non-salariés*** (il ne faut pas s'étonner de retrouver ici les cotisations sociales déjà enregistrées en rémunération des salariés. En effet, si elles constituent un coût du travail pour les agents qui les payent, elles constituent un transfert pour leurs bénéficiaires et les institutions qui les gèrent) ;
– les ***prestations sociales*** (prestations en espèces des organismes de protection sociale ou des employeurs) ;
– les ***transferts sociaux en nature*** (remboursements de sécurité sociale et autres prestations de sécurité sociale en nature, prestations d'assistance sociale en nature, fourniture de services individuels non marchands).

→ Autres transferts courants

On regroupe ici tous les autres transferts courants (c'est-à-dire ***non liés à des opérations en capital***) : primes et indemnités d'assurance-dommage, transferts entre administrations, coopération internationale et transferts divers (amendes, pénalités, transferts entre ménages, etc.).

→ Transferts en capital

Les transferts en capital constituent des ***opérations de répartition de l'épargne*** et non du revenu. En effet, une fois déterminé le revenu disponible, la partie de ce revenu qui n'est pas consacrée à la consommation finale constitue l'épargne des agents. Cette épargne sert à financer l'investissement. À l'occasion des opérations d'utilisation de l'épargne ou d'investissement (opérations en capital), il se produit encore des transferts qui modifient l'épargne dont peuvent réellement disposer les agents. Pour l'essentiel, il s'agit des aides à l'investissement versées par les administrations et des impôts en capital prélevés par ces mêmes administrations (plus, pour un montant marginal, les dépôts de garantie, les primes d'épargne, la participation des employeurs à l'effort de construction, etc.).

C– Les opérations financières

La résultante de toutes les opérations non financières définies ci-dessus est, pour certains agents, une ***capacité de financement*** (des moyens financiers disponibles excèdent leurs besoins) et au contraire, pour d'autres, un ***besoin de financement*** (des moyens disponibles inférieurs à leurs besoins; *cf.* section 3 ci-après). La fonction essentielle des opérations financières est de permettre aux uns d'employer leurs capacités de financement et aux autres de combler leurs besoins de financement. Notons que toutes les opérations sur biens et services ou de répartition ont une contrepartie financière puisqu'elles engendrent des flux de monnaie entre les agents. Mais il existe aussi des opérations financières indépendantes des opérations non financières (exemple: un ménage retire de l'argent sur un compte d'épargne pour acheter des actions).

Un agent qui dispose d'une capacité de financement a quatre options principales quant à son emploi. Il peut: 1°) la détenir sous une forme monétaire ou quasi monétaire en la déposant sur un compte bancaire ou un compte d'épargne; 2°) acquérir un titre sur le marché financier (acheter une obligation, une action, une part d'un fonds de placement, etc.) ; 3°) en prêter une partie directement à un autre agent en concluant avec lui un contrat de crédit; 4°) rembourser des dettes anciennes. De façon symétrique, ***l'agent qui a un besoin de financement*** peut puiser dans les avoirs monétaires ou les dépôts accumulés dans le passé, émettre des titres sur le marché financier, emprunter directement auprès d'un autre agent, ou encore recouvrer une créance ancienne (se la faire rembourser).

Ainsi, les opérations financières se traduisent par une variation des actifs financiers (ou créances) détenus par un agent ou par une variation des passifs financiers (ou dettes) de cet agent. Détenir un actif financier (une créance), c'est détenir un moyen de paiement ou un droit sur les avoirs d'autres agents économiques; inversement, un passif (une dette) est une obligation de livrer à un moment ou à un autre une partie de ses avoirs à d'autres agents économiques. D'une manière générale, un actif financier est une créance sur l'agent qui l'a émis: une obligation est une créance sur l'entreprise qui a lancé l'emprunt obligataire, un billet de 100 dollars est une créance sur la Banque de réserve fédérale des États-Unis, etc. ***Toute créance détenue par un agent constitue une dette pour un autre agent, et réciproquement.***

La nomenclature du SEC 95 distingue sept catégories d'opérations financières définies ci-après.

➜ Or monétaire et droits de tirage spéciaux

Il s'agit de ***réserves de change de la banque centrale*** (*cf.* chap. 7). Elles constituent un pouvoir d'achat ou d'usage de la banque centrale sur les autres moyens de paiement internationaux, et sont donc une créance sur le reste du monde.

➜ Numéraire et dépôts

Cela inclut ***la monnaie au sens strict*** (billets, pièces, dépôts à vue transférables par chèque, virement ou carte de paiement) ***et les autres dépôts*** (compte d'épargne-logement, comptes sur livret), que l'on considère comme de la quasi-monnaie (*cf.* chap. 6) mais qui ne sont pas directement transférables par chèque, virement ou carte de paiement.

➜ Titres autres qu'actions

Cela comprend ***les obligations*** (titres représentatifs d'un emprunt à long terme et assortis d'un intérêt fixe ou variable) et les ***titres de créance négociables*** (titres à court terme négociables sur le marché monétaire : bons du Trésor négociables, billets de trésorerie émis par les entreprises, certificats de dépôt émis par les banques).

➜ Prêts

Il s'agit des opérations de crédit entre agents entraînant la conclusion d'un ***contrat de crédit*** entre le créancier et le débiteur. On distingue les prêts à court terme (d'une durée inférieure ou égale à un an) et les prêts à moyen et long terme (durée supérieure à un an).

➜ Actions et titres d'OPCVM

Les ***actions*** sont des titres représentant une part du capital social d'une société ; il s'agit donc d'un droit de propriété sur cette société et ses éventuels bénéfices, normalement (mais pas toujours) assorti de droits de vote aux assemblées générales. Ce poste comprend aussi les autres participations qui constituent des titres représentatifs d'un droit de propriété sur le capital des sociétés qui ne sont pas des sociétés par actions. Les ***OPCVM (organismes de placement collectif en valeurs mobilières)*** sont des sociétés financières (SICAV, fonds communs de placement) qui émettent des titres et placent ensuite les fonds ainsi collectés dans un portefeuille diversifié de titres négociables en Bourse : ils offrent ainsi à leurs souscripteurs les opportunités de rendement associées aux placements risqués en valeurs mobilières, tout en limitant considérablement le risque grâce à la diversification des placements effectués.

➜ Réserves techniques d'assurance

Les entreprises d'assurance ont l'obligation légale de constituer des réserves en vue de garantir le paiement des indemnités des contrats d'assurance-vie ou d'assurance-dommages. Par ailleurs, les assurances réalisent des bénéfices en plaçant les primes versées par leurs clients ; une partie de ces bénéfices appartient donc à ces derniers mais ne leur est pas versée et est mise en réserve. Enfin, les primes sont habituellement payées d'avance pour une année ou plusieurs mois ; une partie des primes versées en cours d'année est donc mise en réserve en fin d'année parce qu'elle correspond à un service d'assurance qui sera en partie fourni l'année suivante. D'un point de vue économique, toutes ces réserves sont en fait la propriété des assurés et constituent donc une créance des autres agents sur les entreprises d'assurance. C'est à ce titre qu'elles apparaissent dans la nomenclature des opérations financières.

➜ Autres comptes à payer et à recevoir

Il s'agit pour l'essentiel des ***crédits à court terme consentis entre acheteurs et fournisseurs dans les relations commerciales*** : crédits commerciaux des fournisseurs à leurs clients (sous forme de délai de paiement entraînant l'émission d'un ***effet de commerce*** qui représente la créance détenue par le vendeur et la dette de l'acheteur), avances payées par les acheteurs sur la livraison à venir d'un bien ou d'un service (constituant une créance de l'acheteur et une dette du vendeur).

Ces « autres comptes » comprennent aussi les ***décalages comptables*** provenant de ce que certaines opérations sont enregistrées avant ou après le paiement effectif qui leur correspond.

III. Les comptes des secteurs institutionnels et le Tableau économique d'ensemble (TEE)

La comptabilité nationale présente l'ensemble des informations collectées sur les différentes opérations dans un cadre comptable qui s'efforce de reproduire la logique de fonctionnement d'une économie moderne. On distingue trois séries de comptes.

– Les ***comptes courants*** décrivent la formation et la redistribution du revenu entre les agents au cours d'une année donnée. Ils se soldent, pour chaque secteur institutionnel, par une épargne plus ou moins importante (éventuellement négative si leurs dépenses courantes, c'est-à-dire hors investissement, ont été supérieures à leurs ressources).

– Les ***comptes d'accumulation*** décrivent la variation de la richesse accumulée par les agents au cours d'une année donnée. L'épargne issue des opérations courantes peut servir à accumuler des biens durables en vue de produire mieux ou davantage au cours des années suivantes : c'est l'investissement, décrit au compte de capital. Elle peut aussi servir à accumuler une richesse financière (monnaie, actions, etc.) dont la variation est décrite par le compte financier. Certains agents décident d'accumuler plus de biens d'investissement que ne le permet leur épargne : ils ont un besoin de financement qui apparaît au compte de capital et qu'ils comblent par un endettement supplémentaire qui apparaît au compte financier. D'autres agents ont au contraire plus d'épargne que de besoins d'investissement ; ils ont une capacité de financement qui leur permet d'accumuler une richesse financière (notamment en accumulant des créances sur les agents dont ils comblent le besoin de financement).
– Les ***comptes de patrimoine*** décrivent la composition de l'ensemble des avoirs et des dettes des différents agents au 31 décembre. Ils présentent en quelque sorte le bilan (actif-passif) de chaque secteur institutionnel. Ces comptes ne sont pas traités dans ce manuel – le lecteur pourra utiliser les ouvrages recommandés en bibliographie.

A– La séquence des comptes des secteurs institutionnels

Les comptes ci-après enregistrent, à droite, les valeurs qui augmentent les ressources des agents, à gauche, les emplois qu'ils font de leurs ressources. La différence entre les ressources et les emplois donne le solde du compte qui est ajouté en emplois, à la dernière ligne (en gras), de façon à ce que le total des ressources et le total des emplois (solde inclus) soient toujours égaux. Il s'agit de ***comptes de flux***, c'est-à-dire qu'ils décrivent la variation des ressources et des emplois durant l'année civile, mais ne donnent aucune information sur le stock total d'actifs (biens, monnaie, titres…) ou encore le patrimoine dont disposent les agents. Pour des raisons explicitées plus loin (B. ci-après), le compte financier (le dernier compte) fait l'objet d'une présentation spécifique (variations d'actifs et variation de passifs au lieu de ressources-emplois).

Chaque solde peut être présenté ***brut ou net*** selon que, dans les consommations intermédiaires à déduire de la valeur ajoutée, on exclut ou inclut la consommation de capital fixe (CCF) : le solde brut inclut la CCF ; le solde net est égal au solde brut moins la CCF. Le SEC 95 recommande la présentation de soldes nets, mais la comptabilité nationale française continue pour le moment à présenter des soldes bruts.

Les tableaux qui suivent décrivent la séquence des comptes en recensant l'ensemble des postes qui ***peuvent apparaître mais n'apparaissent pas nécessairement*** dans les comptes de chaque secteur institutionnel particulier. Par exemple, le poste « consommation finale » n'a pas lieu d'être dans les comptes des sociétés. Par ailleurs, certains postes peuvent apparaître ci-dessous dans différents comptes parce qu'ils concernent des secteurs différents dans des comptes différents. Par exemple, la rémunération des salariés est un emploi du compte d'exploitation (pour tous les secteurs contribuant à la production), mais il s'agit aussi d'une ressource du compte d'affectation du revenu primaire des ménages.

LA SÉQUENCE DES COMPTES DE SECTEURS

EMPLOIS	**RESSOURCES**
Compte de production	
P2 Consommation intermédiaire **B1 Valeur ajoutée brute / nette**	P1 Production P11 Production marchande P12 Production pour emploi final propre P13 Autre production non marchande
Compte d'exploitation	
D1 Rémunération des salariés D11 Salaires et traitements bruts D121 Cotisations sociales effectives à la charge des employeurs D122 Cotisations sociales imputées à la charge des employeurs D2 Impôts sur la production et les importations D21 Impôts sur les produits D291 Impôts sur les salaires et la main-d'œuvre D292 Impôts divers sur la production D39 – Subventions d'exploitation **B2 Excédent brut / net d'exploitation et revenu mixte**	**B1 Valeur ajoutée brute / nette**

Compte d'affectation des revenus primaires	
D4 Revenus de la propriété D41 Intérêts D42 Revenus distribués des sociétés D43 Bénéfices réinvestis d'investissements directs étrangers D44 Revenus de la propriété attribués aux assurés D45 Revenus des terrains et gisements **B5 Solde brut/net des revenus primaires**	**B2 Excédent brut/net d'exploitation et revenu mixte** D1 Rémunération des salariés D2 Impôts sur la production et les importations D3 – Subventions D4 Revenus de la propriété D41 Intérêts D42 Revenus distribués des sociétés D43 Bénéfices réinvestis d'investis sements directs étrangers D44 Revenus de la propriété attribués aux assurés D45 Revenus des terrains et gisements

EMPLOIS	**RESSOURCES**
Compte de distribution secondaire du revenu	
D5 Impôts courants sur le revenu et le patrimoine D61 Cotisations sociales D62 Prestations sociales autres que transferts sociaux en nature D7 Autres transferts courants **B6 Revenu disponible brut/net**	**B5 Solde brut/net des revenus primaires** D5 Impôts courants sur le revenu et le patrimoine D61 Cotisations sociales D62 Prestations sociales autres que transferts sociaux en nature D7 Autres transferts courants
Compte de distribution du revenu en nature (ménages et administrations uniquement)	
D63 Transferts sociaux en nature **B7 Revenu disponible brut/net ajusté**	**B6 Revenu disponible brut/net** D63 Transferts sociaux en nature
Compte d'utilisation du revenu disponible ajusté (ménages et administrations uniquement)	
P4 Consommation finale effective **B8 Épargne brute/nette**	**B7 Revenu disponible brut/net ajusté**

Compte d'utilisation du revenu disponible	
P3 Dépense de consommation finale **B8 Épargne brute/nette**	**B6 Revenu disponible brut/net**
Compte de capital	
P51 Formation brute/nette de capital fixe P52 Variations des stocks P53 Acquisitions nettes d'objets de valeur K21 Acquisitions nettes de terrains et gisements K22 Acquisitions nettes d'actifs incorporels non produits **B9A Capacité (+) ou besoin (-) de financement** **B0 Ajustement**	**B8 Épargne brute/nette** D9C + Transferts en capital reçus D91 Impôts en capital D92 Aides à l'investissement D99 Autres transferts en capital D9D – Transferts en capital versés
Compte financier	
VARIATIONS D'ACTIFS	**VARIATIONS D'ACTIFS**
F1 Or monétaire et droits de tirage spéciaux F2 Numéraire et dépôts F3 Titres autres qu'actions F4 Prêts F5 Actions et titres d'OPCVM F6 Réserves techniques d'assurance F7 Autres comptes à payer et à recevoir	F1 Or monétaire et droits de tirage spéciaux F2 Numéraire et dépôts F3 Titres autres qu'actions F4 Prêts F5 Actions et titres d'OPCVM F6 Réserves techniques d'assurance F7 Autres comptes à payer et à recevoir **B9B Solde des flux nets d'actifs et passifs financiers**

B– La signification économique des comptes

1. Le compte de production

Le compte de production décrit simplement la ***création de valeur ajoutée*** par un secteur institutionnel. Il enregistre donc la production en ressources, et, après déduction de la consommation intermédiaire en emplois, on obtient le solde du compte : la valeur ajoutée brute/nette.

Cette valeur ajoutée montre donc les ressources que le secteur retire de son activité de production de biens et services. Ces ressources vont ensuite faire l'objet d'une répartition entre tous les agents, répartition qui est décrite dans les trois comptes suivants.

2. Le compte d'exploitation

Les emplois du compte d'exploitation décrivent la ***répartition de la valeur ajoutée qui s'opère à l'occasion du processus de production*** entre le facteur travail (rémunération des salariés), l'État (impôts sur la production et les importations) et le facteur capital (excédent brut d'exploitation). L'***excédent brut d'exploitation*** (***EBE***), solde du compte, mesure donc le revenu brut qui reste aux producteurs une fois payés les consommations intermédiaires, les taxes sur la production et le travail. On l'appelle aussi couramment « ***marge brute*** » et on calcule le ***taux de marge*** en faisant le rapport EBE/valeur ajoutée brute. Ce dernier peut être interprété comme un taux de profit brut retiré de l'activité productive, et à ce titre comme un indicateur de rentabilité de l'activité productive. On traite à part le solde du compte d'exploitation des entreprises individuelles : il s'agit du « revenu mixte », ainsi dénommé pour indiquer que le revenu de l'entrepreneur individuel rémunère à la fois son travail et ses apports en capital.

On appelle souvent la répartition du revenu décrite dans le compte d'exploitation « répartition primaire de la valeur ajoutée » ; « ***primaire*** » pour la distinguer de la redistribution (ou répartition secondaire) du revenu qui intervient ensuite (du fait des impôts, prestations sociales, transferts entre agents, etc.) et qui n'est pas liée à la production.

En ce qui concerne les impôts liés à la production, il ne faut compter que les sommes effectivement versées par les agents, c'est-à-dire nettes des subventions qu'ils ont éventuellement reçues des administrations publiques à l'occasion de leur activité productive. C'est la raison pour laquelle, juste en dessous de ces impôts (en emplois), on déduit les subventions d'exploitation reçues.

3. Le compte d'affectation des revenus primaires

Ce compte décrit la ***formation des revenus primaires des différents agents***.

On entend par « revenus primaires » les revenus de la propriété et les revenus tirés de la contribution à la production, avant toute redistribution et avant tous prélèvements fiscaux ou sociaux. On a donc ***en ressources*** l'excédent brut d'exploitation (revenu primaire issu de l'activité productive), auquel on ajoute la rémunération du travail pour les ménages, les impôts sur la production et les importations, nets des subventions, pour les administrations, et les revenus de la propriété (pour tous les secteurs). Il reste à déduire ***en emplois*** les revenus de la propriété versés à d'autres agents pour obtenir le solde brut/net des revenus primaires qui reviennent effectivement au secteur avant la redistribution fiscale et sociale du revenu qui est décrite dans le compte suivant.

4. Le compte de distribution secondaire du revenu

Ce compte montre la ***formation du revenu disponible des agents***. Le revenu disponible est égal au revenu primaire, augmenté de tous les transferts dont le secteur a bénéficié, et diminué des transferts qu'il a dû effectuer au profit d'autres secteurs. Ce qui apparaît donc ici est la redistribution du revenu qui s'opère principalement par les prélèvements fiscaux ou sociaux et par les prestations sociales dont bénéficient les ménages. Au terme de cette redistribution, il reste à chaque agent un revenu « ***disponible*** », c'est-à-dire dont l'agent peut disposer librement pour constituer une épargne, financer des investissements (pour tous les agents) ou consommer (pour les ménages et les administrations uniquement). Ce choix entre épargne et consommation est décrit ci-après, dans le compte d'utilisation du revenu disponible.

5. Le compte de distribution du revenu en nature

(pour les ménages et les administrations uniquement)

Pour les secteurs institutionnels ***autres que les ménages et les administrations***, la séquence des comptes se poursuit par le compte d'utilisation du revenu disponible (voir ci-dessous).

Pour les ménages et les administrations, le SEC 1995 a introduit une innovation importante. On a vu plus haut que les ménages avaient deux types de consommation finale : la ***dépense de consommation*** et leur consommation de services individuels non marchands fournis par les administrations (enregistrée au poste D63 : ***Transferts sociaux en nature***). Les ménages ne peuvent ***dépenser*** que leur revenu disponible. S'ils ont une consommation effective supérieure à leur dépense, on peut considérer qu'ils disposent en fait d'un revenu effectif supérieur à leur revenu disponible. Ce supplément de revenu est équivalent aux transferts en nature (santé, éducation principalement) dont ils bénéficient. On dénomme leur revenu effectif total, ajusté pour tenir compte de ces prestations en nature, le ***revenu disponible brut/net ajusté***.

Le compte de distribution du revenu en nature décrit simplement cette convention. Dans le compte des ménages, on augmente leur revenu disponible des transferts en nature (en ressources), ce qui fait apparaître en emplois leur revenu disponible ajusté (supérieur à leur revenu disponible). Dans le compte des administrations, on porte en emplois les transferts en nature effectués au profit des ménages, et la différence entre leur revenu disponible en ressources et ces transferts donne leur revenu disponible ajusté (inférieur à leur revenu disponible).

6. Le compte d'utilisation du revenu disponible ajusté (pour les ménages et les administrations uniquement)

Le compte d'utilisation du revenu disponible décrit simplement la ***répartition du revenu disponible ajusté entre la consommation finale effective et l'épargne***: le revenu disponible ajusté (en ressources), moins la consommation effective (en emplois), donne l'épargne. Notons que les transferts en nature viennent augmenter à la fois le revenu disponible et la consommation ; ils ne modifient donc pas le montant de l'épargne par rapport à un compte qui négligerait les transferts en nature (variante du compte d'utilisation du revenu présenté ci-après).

7. Le compte d'utilisation du revenu disponible

Le compte d'utilisation du revenu disponible décrit la ***répartition du revenu disponible entre la dépense de consommation finale et l'épargne***. Il n'a donc d'intérêt réel que pour les secteurs qui ont une consommation finale (les ménages et les administrations publiques). Pour les autres secteurs institutionnels, il ne fait que constater l'identité entre l'épargne et le revenu disponible.

8. Le compte de capital

Le compte de capital montre ***comment l'épargne est utilisée pour financer l'investissement***.

Le SEC 95 prévoyait de décomposer ce compte en deux: 1°) ***Compte de la variation de la valeur nette due à l'épargne et aux transferts en capital***; 2°) ***Compte des acquisitions d'actifs non financiers***. Le premier compte décrirait la formation de l'épargne nette effectivement disponible pour le secteur, en ajoutant à l'épargne issue du compte de capital les transferts en capital reçus et en en retranchant les transferts en capital versés ; le second décrirait ensuite les différents investissements auxquels a été employée l'épargne.

Pour le moment, la comptabilité nationale française, comme par le passé, réunit ces deux comptes en un seul: le compte de capital. On y trouve, ***en ressources***, l'épargne brute/nette, plus les transferts en capital qui augmentent l'épargne disponible de l'agent (aides à l'investissement, primes d'épargne, remises de dettes, etc.), moins les transferts en capital qu'il effectue au profit d'autres secteurs institutionnels. ***En emplois***, on déduit bien entendu les impôts en capital et autres transferts qui diminuent l'épargne effectivement disponible, et l'on enregistre les quatre formes d'investissement possibles: FBCF, variation des stocks, acquisitions nettes d'objets de valeur, acquisitions nettes d'actifs non produits.

Si les ressources sont supérieures aux emplois, le solde du compte est positif: il s'agit d'une ***capacité de financement***. Dans le cas inverse, si l'agent effectue des investissements supérieurs à son épargne, le solde est négatif: l'agent a un ***besoin de financement***. Le signe du solde indique donc s'il s'agit d'une capacité (signe "+") ou d'un besoin (signe "–") de financement.

On montrera ci-après que le solde du compte de capital doit théoriquement être identique à celui du compte financier. Or un décalage entre les données employées pour l'établissement de ces deux comptes entraîne toujours un écart qu'il convient de corriger. Cette correction est opérée en comptabilisant cet écart à la ligne « B0. Ajustement », au bas du compte de capital. En ajoutant la capacité ou le besoin de financement et l'ajustement on obtient un chiffre équivalent au solde du compte financier. Comment est employée une capacité de financement ? Comment le secteur satisfait-il un besoin de financement ? La réponse à ces questions est donnée par le compte financier.

9. Le compte financier

La présentation du compte financier ne se fait pas en ressources-emplois, mais en variations d'actifs (colonne de gauche) et variations de passifs (colonne de droite). Comme nous l'avons déjà précisé, les opérations financières entraînent une variation des actifs financiers (créances) et des passifs financiers (dettes) des agents. Or la représentation de telles opérations dans un tableau ressources-emplois conduirait à confondre dans une même colonne des opérations d'essence très différente. En effet, une « ressource » en moyens financiers peut provenir d'un endettement (émission de titres, emprunt bancaire), mais aussi de la cession d'un actif (vente d'un titre), du recouvrement d'une créance (l'agent se fait rembourser un prêt qu'il a consenti), ou encore d'un prélèvement dans les avoirs monétaires ou sur les comptes d'épargne. Autrement dit, les ressources financières correspondent soit à une augmentation de l'endettement (variation positive du passif), soit à une diminution des avoirs et créances détenus par l'agent (variation négative de l'actif). Aussi, une présentation en deux colonnes variations de passifs et variations d'actifs, plutôt qu'en deux colonnes ressources et emplois, permet de faire apparaître distinctement ces deux modalités de financement très différentes. De façon symétrique, du côté des emplois, des moyens financiers peuvent être employés à accumuler des actifs nouveaux (avoirs monétaires, achats de titres, etc.) ou à rembourser des dettes. Là encore, une présentation en deux colonnes variations d'actifs et variations de passifs a le mérite de distinguer ces deux types d'emplois.

Le solde du compte financier, porté dans la colonne de droite, est nécessairement identique au solde du compte de capital. En effet, un agent qui dispose d'une capacité de financement a forcément augmenté son stock net d'actifs financiers (stock de créances net des dettes) pour un montant équivalent, sous des formes diverses : accumulation de monnaie, achats de titres, placements divers, désendettement, etc. Inversement, un agent qui a un besoin de financement (dont la dépense totale a été supérieure aux ressources) a nécessairement vu son passif net (son endettement net) augmenter d'un montant équivalent.

Ainsi, une capacité de financement (solde positif) inscrite en colonne de gauche au compte de capital correspond à un excédent des variations d'actifs sur les variations de passifs, et donc à une capacité de financement (solde positif), inscrite en colonne de droite du compte financier.

On pourrait tout aussi bien inscrire la capacité de financement à gauche du compte financier, du côté des variations d'actifs, mais il faudrait alors lui donner un signe négatif pour équilibrer les deux colonnes. C'est donc par convention et pour éviter de faire apparaître le même solde avec des signes différents que l'on porte le solde du compte financier à droite et non à gauche, comme pour les autres comptes. Le lecteur vérifiera que, dans le cas d'un besoin de financement (solde négatif du compte de capital), il est également nécessaire de le placer à droite du compte financier pour lui conserver le même signe négatif.

C– Le Tableau économique d'ensemble (TEE)

1. La construction et la lecture du Tableau

Jusqu'ici, nous avons présenté l'enchaînement logique des opérations économiques pour un secteur institutionnel particulier. Pour décrire l'***équilibre global*** de l'économie nationale, il faut bien entendu tenir compte simultanément des opérations de tous les agents économiques. Tel est précisément l'objet du Tableau économique d'ensemble (TEE). À quelques détails techniques près, le TEE est la simple juxtaposition des comptes des différents agents économiques. Il comprend donc deux grandes colonnes, ressources et emplois, subdivisées en autant de sous-colonnes qu'il y a de secteurs institutionnels.

Les opérations sont présentées en ligne, dans l'ordre de succession de la séquence des comptes présentée plus haut (A.). La lecture d'une sous-colonne ressource et de la sous-colonne emploi d'un même secteur donne simplement l'ensemble des comptes du secteur concerné. La valeur ajoutée du TEE est naturellement plus évidente dans une lecture en ligne. Une ligne correspond à une opération et permet de voir la ***contribution de tous les secteurs à cette opération***. Par exemple, à la ligne rémunération des salariés, qui est une ressource des ménages, on pourra identifier (côté emplois) qui paie cette rémunération (les sociétés non financières, les sociétés financières, les administrations publiques, les ISBLsm).

2. L'utilité du TEE

• Le TEE est une **synthèse remarquable de l'économie nationale.**

– Il montre ***d'où vient le revenu national***: la valeur ajoutée et les échanges de revenus avec le reste du monde.

– Puis il décrit la ***répartition primaire de la valeur ajoutée*** entre les facteurs de production d'une part, et entre les secteurs institutionnels d'autre part (niveau du compte d'exploitation).

– Il permet ensuite de voir comment s'opère la ***redistribution du revenu national*** et comment se forme ainsi le ***revenu disponible de chaque agent*** (les comptes de revenu).

– Apparaît alors ***l'affectation du revenu à l'épargne et à la consommation finale*** (utilisation du revenu).

– Les deux dernières parties du TEE (compte de capital et compte financier) décrivent ***l'équilibre financier***: elles permettent de savoir, d'une part, quels agents ont des besoins et des capacités de financement et pourquoi, et d'autre part, comment ils utilisent leurs capacités de financement ou comblent leurs besoins de financement.

• L'examen d'un TEE détaillé permet aussi d'**étudier le rôle particulier** que joue un agent dans le fonctionnement de l'économie nationale.

• Il permet enfin de lire directement ou de calculer rapidement les **principaux agrégats économiquement significatifs** au niveau de la nation (revenu disponible, épargne, PIB, investissement, consommation, etc.). L'usage de ces agrégats pour l'analyse macroéconomique sera développé dans le chapitre suivant.

4 chapitre

Les comptes de la nation

2. De l'équilibre comptable à l'équilibre économique

Dans l'économie nationale, des millions d'agents individuels prennent des millions de décisions sans se concerter. En l'absence de coordination préalable des choix individuels, ces innombrables opérations économiques sont-elles compatibles entre elles, sont-elles cohérentes ? Le problème de l'équilibre est ainsi posé.

D'un point de vue comptable, les opérations sont toujours équilibrées parce que l'on enregistre les opérations ***après*** qu'elles ont été effectivement réalisées dans l'économie : si certaines décisions des agents étaient incompatibles entre elles au départ, cela n'apparaît pas dans les comptes parce qu'elles n'auront pas pu être réalisées en totalité ; les opérations réalisées sont par définition compatibles entre elles.

D'un point de vue économique, on s'intéresse au contraire à la compatibilité des décisions avant qu'elles ne soient réalisées. Comme les agents ne peuvent tous se concerter entre eux avant de prendre leurs décisions, il n'y a aucune raison pour que ces dernières soient compatibles *a priori*. L'équilibre économique dépend donc de l'existence de mécanismes conduisant les agents à adapter rapidement leurs plans de façon à les rendre cohérents.

L'équilibre comptable est une nécessité statistique ; ***l'équilibre économique est une hypothèse*** qui peut se réaliser ou non.

Bien entendu, l'équilibre économique intéresse en premier lieu l'économiste, mais l'étude de l'équilibre comptable est à la fois nécessaire et utile parce que la comptabilité nationale ne fait qu'offrir un cadre statistique opérationnel respectant la logique de l'analyse macroéconomique. Aussi, bien des erreurs de raisonnement économique pourront être évitées, simplement par une bonne compréhension des grands équilibres comptables.

I. Les grands équilibres comptables de l'économie nationale

A– Tout le revenu vient de la production

1. L'identité produit-revenu en économie fermée

Dans un premier temps, nous décrivons une économie très simplifiée comprenant seulement deux agents, ménages et entreprises, et trois catégories de biens : biens de consommation finale (C), biens de consommation intermédiaire, biens d'investissement (I). Cette économie est fermée à toute forme d'échange avec l'étranger.

– Les ménages fournissent les facteurs de production (travail et capital) aux entreprises ; ils obtiennent en contrepartie un revenu avec lequel ils achètent les biens de consommation.

– Les entreprises utilisent les facteurs pour produire les biens ; les biens intermédiaires disparaissent dans le processus de production et le ***produit intérieur brut (PIB)*** de la nation est donc simplement la somme des ***valeurs ajoutées brutes*** des entreprises. Nous désignons le PIB par "Y".

– Le revenu que les entreprises retirent de la vente de Y sur les marchés est utilisé pour payer les salaires, les intérêts sur les capitaux empruntés, les loyers éventuels pour les terrains, bâtiments, équipements, etc. ; en un mot, la valeur de Y sert à rémunérer les facteurs de production ; s'il reste quelque chose à l'entreprise, il s'agit du revenu résiduel qui rémunère les entrepreneurs (le profit) ; la totalité du produit intérieur est ainsi transformée, d'une manière ou d'une autre, en revenu. De façon plus triviale, toute la valeur monétaire du produit intérieur se retrouve nécessairement au crédit du compte des différents agents, ménages ou entreprises. Le produit intérieur est donc identique au revenu national :

$$Y \equiv R \qquad \ldots(1)$$

Le symbole ≡ signifie « identiquement égal à » ; il désigne donc une ***nécessité comptable*** : les deux variables sont nécessairement égales ; il convient de distinguer cette situation d'une simple égalité qui indique non pas une ***nécessité*** mais une ***hypothèse***.

Il est essentiel de comprendre que seule la production de biens et services est ***créatrice*** de revenus réels. Les opérations de répartition et les opérations financières sont sans incidence directe sur le montant du revenu national : elles n'affectent que la ***distribution*** du revenu et celle des dettes et des créances entre les agents. Soulignons en particulier que l'augmentation de la monnaie en circulation ne constitue pas en soi une amélioration du revenu réel de la nation.

Par exemple, si l'État augmente les salaires des fonctionnaires et finance cette politique par une création de monnaie, la monnaie ainsi mise en circulation va être utilisée pour demander des biens et services supplémentaires. Admettons que les capacités de production soient déjà utilisées au maximum et que les entreprises ne puissent pas augmenter la production ; la pression de la demande fera monter les prix ; dans ce cas, le revenu réel ne change pas : on utilise davantage de monnaie pour acheter une même quantité de biens, on dépense donc simplement un plus grand nombre d'unités monétaires (d'euros) par unité de bien achetée ; autrement dit, le prix moyen des biens augmente, on enregistre une inflation qui se traduit par une augmentation de la valeur nominale du produit intérieur ; mais la quantité de biens et services utilisés dans la nation et le niveau réel de satisfaction des besoins sont inchangés ; on dit que le revenu ***nominal*** ou ***monétaire*** a augmenté, mais pas le revenu ***réel***. Par contre, si la demande supplémentaire des fonctionnaires amène une augmentation de la production – parce que les entreprises disposent de capacités inemployées faute de débouchés suffisants –, la quantité de biens et services utilisés augmente dans la nation, le revenu réel augmente. On retiendra que ***seule la production est source de revenu réel***.

2. L'identité produit-revenu en économie ouverte

Dans l'économie réelle, cependant, il existe des échanges avec le reste du monde. Dans ce cas, le produit intérieur n'est plus obligatoirement égal au revenu national disponible. En effet, une partie du revenu engendré par la production peut être versée au reste du monde (salaires de travailleurs immigrés ou profits de firmes étrangères rapatriés vers les pays d'origine, subventions, aides versées à des organisations étrangères, etc.) ; en sens inverse, le revenu national disponible peut être augmenté par des revenus de facteurs de production ou des transferts reçus du reste du monde. Selon que les revenus nets reçus du RDM (Rn_{RDM}) sont positifs ou négatifs, le revenu national disponible sera supérieur ou inférieur au produit intérieur.

On peut donc redéfinir le revenu national :

$$R \equiv Y + Rn_{RDM} \qquad \ldots(2)$$

Notons tout de même qu'au niveau de l'économie mondiale, l'identité produit-revenu reste vérifiée – jusqu'au jour où apparaîtront des échanges avec des extraterrestres, auquel cas cette identité restera vraie au niveau de l'univers. L'essentiel est de bien comprendre ici que le revenu vient d'un produit intérieur et/ou d'un produit extérieur, mais vient ***toujours de la production***.

3. Le produit intérieur et le revenu national en France

À l'aide du tableau ci-contre, nous décrivons l'enchaînement des agrégats de production et de revenu à partir des données tirées du TEE.

→ De la valeur ajoutée au PIB

Le PIB mesure l'ensemble des ***valeurs ajoutées des agents résidents***, évaluées ***aux prix de marché courants***. Pour retrouver le PIB dans le TEE, on part donc de la somme des valeurs ajoutées. Mais, nous l'avons dit, la production est enregistrée hors TVA et droits de douane (au prix de base). Pour obtenir le PIB aux prix de marché, il faut donc ajouter à la valeur ajoutée du TEE les impôts sur les produits (nets des subventions).

→ Du PIB au revenu national brut

Le revenu national brut est la somme des ***revenus primaires*** bruts des différents agents économiques, c'est-à-dire des revenus issus de la production ***intérieure ou extérieure***. Comme nous l'avons montré, dans une économie ouverte, une partie des revenus issus du produit intérieur peut être transférée à des agents étrangers et, inversement, une partie du revenu intérieur peut provenir d'un produit étranger. Pour obtenir le revenu national brut, il faut donc ajouter au PIB les revenus des facteurs de production reçus du reste du monde (nets des revenus versés). Bien entendu, pour ne mesurer que les revenus nets effectivement reçus de l'extérieur, il faut défalquer les impôts liés à la production versés au RDM (nets des subventions d'exploitation reçues du RDM).

→ Du revenu national brut au revenu national disponible brut (R)

Toutefois, les transferts entre agents résidents et non-résidents ne sont pas uniquement constitués de revenus directs des facteurs de production. Il existe d'autres transferts courants avec le RDM : opérations d'assurance, impôts sur le revenu et le patrimoine, aide publique au développement, coopération internationale privée ou publique, etc. De ce fait, le revenu national finalement disponible pour la consommation ou l'épargne peut être supérieur ou inférieur au revenu national défini ci-dessus ; on l'obtient en ajoutant au revenu national brut les autres transferts courants reçus du RDM et en déduisant les autres transferts courants versés au RDM. Pour passer directement du PIB à R, il suffit d'ajouter l'ensemble des revenus de facteurs ***et*** des transferts courants reçus du RDM, nets des revenus et transferts versés au RDM (Rn_{RDM}). On vérifie bien l'identité (2) :

$$2\,122{,}7 \equiv 2\,132{,}4 + (-9{,}7)$$

$$R \equiv Y + Rn_{RDM}$$

L'ENCHAÎNEMENT DES AGRÉGATS DE PRODUIT ET DE REVENU EN FRANCE (OU L'IDENTITÉ [2] DANS LES COMPTES DE LA NATION) (en milliards d'euros courants – année 2014)

1) De la valeur ajoutée au PIB :	
Somme des valeurs ajoutées au prix de base	+ 1 910,2
Impôts sur les produits	+ 240,3
Subventions sur les produits (à déduire)	– 18,0
Produit intérieur brut (PIB ≡ Y)	**2 132,4**
2) Du PIB au revenu national brut :	
Revenus du travail, de la propriété et de l'entreprise reçus du RDM..	+ 143,8
Revenus du travail, de la propriété et de l'entreprise versés au RDM.	– 108,0
Impôts liés à la production versés au RDM	– 2,1
Subventions d'exploitation et à l'importation reçues du RDM	+ 8,3
Revenu national brut (RNB)	**2 174,5**
3) Du revenu national brut au revenu national disponible brut :	
Transferts *courants reçus du* RDM	+ 19,2
Transferts *courants versés au* RDM	– 71,0
Revenu national disponible brut (R)	**2 122,7**
4) Rn_{RDM} = revenus et transferts courants nets reçus du RDM :	
+ 143,8 – 108,0 – 2,1 + 8,3 + 19,2 – 71 =	**9,7**
5) Du revenu national brut au revenu national aux prix de marché :	
Revenu national brut	2 122,7
Consommation de capital fixe (amortissement économique)	– 386
Revenu national aux prix de marché (revenu national net)	**1 736,7**
6) Principaux ratios :	
• PIB par habitant en euros	32 227
• RNB par habitant en euros	32 862
• Répartition de la valeur ajoutée :	
Part salariale (salaires bruts et cotisations sociales)	58,93 %
Part patronale ([Excédent brut d'expl. + Revenu mixte] / Val. ajoutée)	37,87 %
Part des impôts nets sur les produits	3,20 %
• Taux d'autofinancement des SNF (Épargne brute / FBCF)	74,90 %
• Taux d'épargne des ménages (Épargne brute / Revenu disponible brut)	15,10 %
• Taux d'épargne financière des ménages (Capacité de financement / Revenu disponible brut)	6,10 %
• Prélèvements obligatoires en % du PIB	44,90 %
Dette publique brute, au sens de Maastricht, en % du PIB	95,30 %
Dette publique nette (Dette brute – Actifs détenus par les administrations publiques)	86,50 %

→ Le revenu national aux prix de marché

Le ***revenu national aux prix de marché*** est tout simplement le revenu national net : revenu national brut moins consommation de capital fixe. Celle-ci, en effet, n'est pas un revenu, mais une charge de consommation intermédiaire. Si on l'inclut dans les agrégats de ***produit*** parce que son estimation paraît trop imparfaite, on est obligé de la déduire, même pour un montant approximatif, si l'on veut avoir une idée du ***revenu*** des facteurs de production.

Notons que ce revenu national ne comprend pas seulement le revenu des facteurs de production. En effet, il inclut le revenu primaire des administrations publiques (qui consiste pour l'essentiel en impôts liés à la production). Pour dire la même chose autrement, les prix de marché auxquels sont évalués le PIB et le revenu national incluent des taxes et droits de douane qui, bien évidemment, ne constituent pas un revenu pour les facteurs de production. Si l'on veut mesurer le revenu national des facteurs, il faut déduire du revenu national aux prix de marché les impôts liés à la production effectivement prélevés par les administrations publiques, c'est-à-dire nets des subventions à l'exploitation qu'elles ont reversées aux différents agents. Ce revenu national des facteurs est aussi appelé « revenu national au coût des facteurs ».

B– Tous les produits ont un emploi : l'équilibre du marché des biens et services

1. L'équilibre en économie fermée

Que devient Y une fois produit ? Il constitue les ressources du marché des biens et services, ou encore ***l'offre globale*** sur ce marché. En économie fermée (pas d'importations), il n'y a pas d'autres ressources en biens et services que Y. Tous les biens et services produits ont nécessairement un emploi. Certains seront utilisés à la consommation finale (C) ou à la formation de capital fixe (biens durables utilisés pendant plus d'un an), et tous les autres seront stockés en attendant d'être utilisés autrement. Comme nous l'avons expliqué plus haut, la formation de capital fixe et la variation des stocks constituent l'investissement (I). En économie fermée (pas d'exportations), il n'y a pas d'autre emploi possible des biens et services que C et I ; ces emplois constituent ***la demande globale***.

On peut donc écrire l'identité des ressources et des emplois sur le marché des biens et services (ou encore l'équilibre entre l'offre et la demande globales) sous la forme :

$$Y \equiv C + I \qquad \ldots(3)$$

Pour étudier les effets de la politique économique du gouvernement, il est utile d'isoler, parmi les emplois, les dépenses publiques en biens et services, que

l'on désigne par G. Les variables C et I représentent donc uniquement les emplois ***privés*** des biens et services.
L'équilibre ressources-emplois des biens et services devient alors :

$$Y \equiv C + I + G \qquad \ldots(4)$$

Rappelons que G représente les dépenses d'investissement des administrations publiques et la consommation finale ***de services collectifs non marchands (police, défense nationale, justice, etc.)*** qu'on ne peut ventiler entre les différents agents et qui est, par convention, attribuée en totalité aux administrations publiques.

2. L'équilibre en économie ouverte

Considérons à présent une économie ouverte aux échanges extérieurs. Les ressources du marché des biens et services comprennent désormais, en plus du produit intérieur (Y), des importations (M) ; les exportations (X) constituent en outre un nouvel emploi possible des biens et services disponibles sur le marché. L'identité ressources-emplois du marché des biens devient donc :

$$Y + M \equiv C + I + G + X,$$

ce qui, en soustrayant M des deux côtés, est équivalent à :

$$Y \equiv (C + I + G) + (X - M) \qquad \ldots(5)$$

Nous mettons des parenthèses facultatives pour isoler deux blocs significatifs dans la demande globale. (C + I + G) représente la ***demande intérieure*** et (X – M) représente la ***demande étrangère nette***. Plus précisément, X – M représente la ***balance des paiements*** des échanges de biens et services ; si X – M est positif, la balance des échanges est excédentaire ; si X – M est nul, la balance des échanges est équilibrée ; si X – M est négatif, les échanges de biens et services sont déficitaires.

L'identité (5) peut donc se lire en termes littéraires :

> ***Produit intérieur ≡ demande intérieure + balance des paiements des biens et services.***
> ou encore :
> ***Produit intérieur – demande intérieure ≡ balance des paiements des biens et services.***

Cela montre la relation nécessaire entre l'équilibre interne et l'équilibre externe des opérations sur biens et services. Si le produit et la demande intérieurs sont équilibrés, alors la balance des paiements l'est aussi (elle est nulle).

Une demande intérieure supérieure au produit n'est possible que si l'on achète à l'étranger plus de biens et services que l'on n'en vend: la balance des échanges est déficitaire. Inversement, si le produit est supérieur aux emplois intérieurs de biens et services, cela indique que l'on vend plus que l'on n'achète à l'étranger: la balance des échanges est excédentaire.

Concrètement, à partir des données du TEE, l'équilibre des opérations sur biens et services dans l'économie française peut se représenter ainsi:

L'ÉQUILIBRE DES OPÉRATIONS SUR BIENS ET SERVICES EN FRANCE (OU L'IDENTITÉ [5] DANS LES COMPTES DE LA NATION)
(en milliards d'euros courants - année 2014)

RESSOURCES	
Produit intérieur brut (Y)	2 132,4
Importations (M)	651,1
Total des ressources	2 783,5
EMPLOIS	
Consommation finale (C)	1 699,2
FBCF (partie de I)	462,5
Acquisitions nettes d'objets de valeur (partie de I)	0,7
Variation des stocks (partie de I)	9,4
Exportations (X)	611,8
Total des emplois	2 783,5

Source: *Rapport sur les comptes de la Nation 2014.*

On vérifie bien l'identité macroéconomique aux arrondis près:

$$2\,132{,}4 = 1\,699{,}2 + 462{,}5 + 0{,}7 + 9{,}4 + 611{,}8 - 651{,}1$$

$$Y = C + I + X - M$$

Pour faire apparaître la même identité en isolant les dépenses publiques (G), il suffirait de distinguer la part de la consommation finale et de la FBCF qui est imputée aux administrations publiques.

C– L'épargne est égale à l'investissement

1. En économie fermée, sans État

En économie fermée sans État, l'équilibre entre l'offre et la demande globales est décrit par l'identité (3) : $Y \equiv C + I$. En apparence, cette nécessité comptable soulève une question. Si la demande est égale au produit, il faut bien, concrètement, que les agents affectent la ***totalité*** du revenu distribué à la consommation ou à l'investissement. Que se passe-t-il donc si certains agents ne consacrent pas tout leur revenu à la dépense et constituent une épargne ?

Par définition, l'épargne (S, initiale de l'anglais « *savings* ») est la partie du revenu qui n'est pas consacrée à la consommation finale : $S \equiv R - C$.

Y étant identique à R, on peut aussi écrire :

$$S \equiv Y - C \qquad \ldots(6)$$

On sait par ailleurs que :

$$Y \equiv C + I \qquad \ldots(3)$$

La combinaison des identités (3) et (6) permet de montrer que l'épargne est nécessairement égale à l'investissement. En effet :

$$Y \equiv C + I \Leftrightarrow Y - C \equiv I \Leftrightarrow S \equiv I \qquad \ldots(7)$$

Autrement dit, l'équilibre du marché des biens et services est équivalent à un équilibre entre l'épargne et l'investissement. En effet, le revenu est identique au produit ; le revenu est donc égal à la valeur des biens de consommation plus celle des biens d'investissement : la partie du revenu qui n'est pas consacrée aux biens de consommation (c'est-à-dire l'épargne) est donc forcément égale à la valeur des biens d'investissement. Par conséquent, d'un point de vue comptable, l'épargne ne pose pas de problème pour la réalisation de l'équilibre entre l'offre et la demande globales : si l'épargne augmente, ce mouvement a toujours pour contrepartie une augmentation de l'investissement.

Que se passe-t-il concrètement dans l'économie ? Une partie des sommes épargnées par certains agents sont placées auprès des institutions financières ou sur les marchés financiers et sont utilisées par d'autres agents pour financer l'achat de biens d'équipement ; le reste de l'épargne correspond à la valeur des biens non vendus et qui restent dans les stocks des entreprises.

On le voit, le vrai problème n'est pas d'ordre comptable ; toute la question est de savoir si le montant de l'investissement (en particulier celui des biens stockés) est le fruit d'une décision des entreprises, reflétant un calcul économique rationnel et donc une allocation efficiente des ressources, ou si l'investissement résulte d'une adaptation forcée à une épargne trop importante (une consommation insuffisante) ou trop faible. Il faut donc distinguer la question de l'équilibre comptable et le problème de l'équilibre économique. Nous y reviendrons (*cf.* section 2, A., ci-après).

2. Introduction des échanges extérieurs

Examinons à présent l'incidence de l'ouverture extérieure sur l'équilibre entre l'épargne et l'investissement. Nous avons indiqué ci-dessus qu'en économie ouverte, le revenu comprend le produit intérieur plus les revenus nets reçus du RDM. L'épargne, qui est par définition la différence entre le revenu et la consommation, est donc :

$$S \equiv R - C \equiv Y + Rn_{RDM} - C \qquad \ldots(8)$$

À partir de (8), on peut définir Y comme :

$$Y \equiv S - Rn_{RDM} + C \qquad \ldots(9)$$

Par ailleurs, d'après la relation (5), on sait que :

$$Y \equiv C + I + X - M$$

Les deux identités précédentes permettent donc d'écrire :

$$S - Rn_{RDM} + C \equiv C + I + X - M$$

d'où l'on déduit :

$$S - I \equiv X - M + Rn_{RDM} \qquad \ldots(10)$$

Quand le terme de gauche (S – I) est positif, l'épargne est supérieure à l'investissement ; la nation dispose d'une épargne non employée à l'intérieur, elle a une ***capacité de financement*** qu'elle n'a pu utiliser qu'à des prêts ou des placements à l'étranger. Si, au contraire, l'épargne est inférieure à l'investissement ($S - I < 0$), la dépense intérieure en investissement dépasse les possibilités de financement intérieures ; la nation a un ***besoin de financement***, qu'elle n'a pu combler qu'en s'endettant à l'extérieur.

Dans l'identité (10), le terme de droite correspond à la ***balance des paiements courants***, qui décrit le solde des échanges de biens et services, des mouvements de revenus et des transferts courants avec l'étranger. Un déficit extérieur (terme de droite négatif) indique que la nation a versé au RDM des sommes plus importantes que celles qu'elle a reçues (pour les achats de biens et services, les revenus des facteurs et les transferts courants) : le RDM a donc une capacité de financement dans ses échanges avec la nation. Inversement, un excédent de la balance des paiements indique un besoin de financement du RDM.

On retrouve la correspondance entre équilibre interne et équilibre externe que nous avons mise à jour dans l'équilibre du marché des biens et services. Ici, elle est vue sous l'angle de l'équilibre financier : un besoin de financement de la nation est financé par une capacité de financement du RDM ; une capacité de financement de la nation correspond à un besoin de financement équivalent du RDM. Dans une économie ouverte, un écart entre l'épargne et l'investissement intérieurs est possible car le reste du monde peut financer un éventuel besoin de financement ou utiliser une éventuelle capacité de financement de la nation. Notons qu'au niveau de l'économie mondiale, les besoins et les capacités de financement sont inévitablement équilibrés : l'identité épargne-investissement reste vérifiée.

L'IDENTITÉ [10] DANS LES COMPTES DE LA NATION
(en milliards d'euros courants – année 2014)

Exportations de biens et services (X)	611,8
Importations de biens et services (M)	651,1
1) Solde X – M	**– 39,3**
2) Rn_{RDM}*	**– 9,7**
3) X – M + RnR_{DM} (solde extérieur courant)	**– 49,4**
Épargne brute totale de la nation ($S \equiv R - C$)	423,4
Investissement total de la nation (I)	472,6
4) S – I =	**– 49,2**

* calculé ci-dessus dans le tableau « L'enchaînement des agrégats ».

On voit que les soldes 3 et 4 sont identiques (aux arrondis près). Autrement dit, on vérifie l'identité :

$$423{,}4 - 472{,}6 \equiv 611{,}8 - 651{,}1 - 9{,}7$$
$$S - I = X - M + Rn_{RDM}$$

3. Introduction de l'État

Pour décrire l'incidence que l'État a sur l'équilibre financier entre les capacités et les besoins de financement, il suffit de compléter l'identité (8) en notant que l'épargne privée (S) ne porte que sur le revenu disponible après déduction des impôts (T) nets des transferts publics (F) reversés par l'État au secteur privé. Nous désignons ces impôts nets par Tn = T – F.

L'identité (8) devient donc :

$$S \equiv Y + Rn_{RDM} - C - Tn \qquad \ldots(11)$$

d'où l'on peut déduire :

$$Y \equiv S - Rn_{RDM} + C + Tn \qquad \ldots(12)$$

Or on sait que l'équilibre sur le marché des biens et services implique :

$$Y \equiv C + I + G + X - M \qquad \ldots(5)$$

En rapprochant (5) et (12), on peut donc écrire :

$$S - Rn_{RDM} + C + Tn \equiv C + I + G + X - M$$

d'où l'on déduit enfin :

$$(S - I) + (Tn - G) \equiv X - M + Rn_{RDM} \qquad \ldots(13)$$

Le commentaire de cette identité est analogue à celui de l'identité (10). L'identité (13) indique que la somme des capacités et/ou des besoins de financement des agents privés et de l'État est égale au solde de la balance des paiements courants.

On pourrait distinguer encore d'autres agents que l'État (les banques, les assurances, les administrations privées, etc.) et faire apparaître leur capacité ou leur besoin de financement. L'identité fondamentale reste la même : les besoins de financement des agents intérieurs sont forcément compensés par une capacité de financement du reste du monde ; leurs capacités de financement sont nécessairement compensées par un besoin de financement du reste du monde.

On peut illustrer cette identité dans les comptes de la nation, une fois encore, grâce au Tableau économique d'ensemble.

Le tableau ci-dessous est une synthèse des comptes de capital des différents agents. L'ensemble des agents résidents dégage une épargne brute de 423,5 milliards. Mais le solde des transferts en capital (subventions d'investissement, impôts en capital...) est globalement positif (0,2) ; cela signifie une augmentation équivalente des capitaux disponibles en France. L'épargne disponible pour l'investissement est donc de 423,7 milliards. Or l'investissement total de la nation est de 472,6 milliards : la nation a donc un besoin de financement de 48,9 milliards (423,7 - 472,6), qui n'a pu être comblé que par le reste du monde. On vérifie dans le TEE que ces 48,9 milliards correspondent bien à la différence entre tout ce que le reste du monde a reçu de la France et tout ce qu'il lui a versé (depuis le compte de production jusqu'au compte de capital) : il s'agit donc bien de la capacité de financement du reste du monde, qui comble exactement un besoin de financement de la France.

L'ÉQUILIBRE ÉPARGNE-INVESTISSEMENT EN FRANCE (OU LES IDENTITÉS [7], [10] ET [13] DANS LES COMPTES DE LA NATION) (en milliards d'euros courants - année 2006)

	TOTAL NATIONAL	SOCIÉTÉS NON FINANCIÈRES	SOCIÉTÉS FINANCIÈRES	APU ET ISBL	MÉNAGES	RESTE DU MONDE**
1. Épargne brute	423,5	185,8	19,3	15,1	203,3	**49,1**
2. Transferts nets en capital*	0,2	20	1,9	- 13,4	- 8,3	**- 0,2**
3. Épargne disponible (1 + 2)	423,7	205,8	21,2	1,7	195	
4. Investissement	472,6	256,9	16,2	86,1	113,3	
5. Capacité (+) ou besoin (-) de financement (3 - 4)	- 48,9	- 51,2	5,0	- 84,4	81,8	**48,9**

* Transferts reçus moins transferts versés. Le solde net national correspond nécessairement à un solde de signe opposé pour le RDM.

** Le chiffre 49,1 ne représente évidemment pas l'épargne totale du RDM mais seulement la fraction de l'épargne mondiale qui finance le besoin de financement de la France. Il mesure le déficit de la balance des transactions courantes de la France (*cf.* chapitre 7). Celui-ci est égal au montant du besoin de financement de la France (48,9) diminué des transferts nets en capital, qui sont des opérations en capital et non des opérations courantes.

II. L'équilibre économique

A– De l'équilibre comptable à l'équilibre économique

1. Équilibre *ex post* et équilibre *ex ante*

Comme nous venons de l'étudier, l'équilibre comptable entre l'offre et la demande globales décrit une nécessité incontournable ; il s'agit d'un équilibre *ex post*, c'est-à-dire après que les opérations économiques ont été effectuées. Quand on fait les comptes de la nation, les biens et les services n'étant pas évanescents, on est obligé de constater que tous les biens et services produits ont été utilisés d'une façon ou d'une autre ; on doit aussi constater que la partie du revenu qui ne vient pas de la production des biens consommés vient forcément des biens investis, et la conséquence de cette évidence est que I ≡ S (dans le monde). Mais ces identités comptables constatées « après coup » ne garantissent pas l'équilibre économique.

> L'équilibre économique est réalisé si les plans des différents agents sont compatibles entre eux *ex ante*, c'est-à-dire avant que les opérations économiques ne soient réalisées.

Autrement dit, l'équilibre économique suppose que les dépenses ***prévues*** par les ménages en biens de consommation soient justement égales à la production de ces biens ***prévue*** par les entreprises. Si c'est le cas, l'épargne prévue par les ménages est égale à la valeur ***prévue*** des biens d'investissement. Cela dit, les ménages et les entreprises ne se concertent pas pour arrêter leurs plans de production et de consommation. Il n'y a donc *a priori* aucune raison pour que l'équilibre soit réalisé *ex ante*.

2. Équilibre comptable et déséquilibre économique sont compatibles

Cependant, même s'il existe un déséquilibre *ex ante* entre l'offre et la demande globales, l'équilibre comptable *ex post* sera toujours réalisé. Admettons par exemple que les entreprises surestiment la demande de biens de consommation. Leur production, leur offre *ex ante*, est donc supérieure à la demande ; l'épargne est plus importante que prévu ; il y a surproduction. Mais, dans les comptes de la nation, les biens de consommation invendus ne vont pas disparaître ; ils augmentent en effet les stocks des entreprises et sont donc ainsi enregistrés comme une augmentation de l'investissement : toute la production a bien un emploi, l'équilibre entre l'offre et la demande globales est vérifié dans les comptes de la nation. Cependant, il est clair que l'équilibre ainsi constaté ne correspond pas à l'équilibre ***désiré*** par les agents économiques. Dans notre exemple, les entreprises ne parviennent pas à réaliser leurs plans, c'est-à-dire à écouler leurs biens de consommation ; elles sont contraintes de gonfler leurs stocks au-delà du montant qu'elles jugeaient au départ rationnel de constituer ; elles effectuent donc un investissement non désiré. Ce type de déséquilibre économique étant inévitable *ex ante*, en raison de l'absence de coordination préalable des plans des différents agents, le problème de l'analyse macroéconomique est de savoir s'il existe des mécanismes qui tendent à réduire spontanément les déséquilibres. Ainsi, dans notre exemple, on peut se demander si une baisse des prix sur les marchés ne permettrait pas de réduire ou de supprimer l'écart initial entre l'offre et la demande de biens et services. Le degré de confiance des économistes dans ce type de mécanisme d'ajustement automatique détermine directement le rôle qu'ils reconnaissent aux interventions discrétionnaires de la politique économique.

B – Les grands problèmes de l'équilibre macroéconomique

Nous évoquons rapidement les problèmes perceptibles à partir de ce qui précède. Cela permet de repérer les principales questions en débat dans l'analyse macroéconomique, et traitées dans le tome 3.

1. Le problème de l'épargne

Nous venons de le montrer : *ex ante*, l'épargne peut poser un problème. Les entreprises ne peuvent pas parfaitement anticiper la répartition du revenu disponible entre épargne et consommation. Si les entreprises surestiment l'épargne *ex ante* (et donc sous-estiment la demande de biens de consommation), la production peut s'avérer insuffisante pour répondre à la demande de consommation : on aura un ***excès de demande***.

En revanche, une ***épargne effective*** plus importante que ***l'épargne prévue*** par les entreprises peut entraîner une surproduction (on dira aussi un ***excès d'offre*** ou une ***insuffisance de la demande***) de biens de consommation. On voit que le problème vient de ce que l'épargne est une fuite dans le circuit du revenu : un revenu non dépensé qui, par ses variations, peut amener des fluctuations inattendues de la dépense.

2. Le problème de la demande de monnaie

Toutefois, le problème est atténué si l'épargne est entièrement et immédiatement utilisée par les intermédiaires financiers pour financer l'investissement. Dans ce cas en effet, elle n'est, au bout du compte, qu'une autre forme de dépense ; l'identité de l'offre (la production) et de la demande (la dépense) effectives globales est assurée *ex ante*. Le seul problème consiste à adapter la répartition de la production entre biens d'équipement et biens de consommation à la répartition du revenu disponible entre consommation et épargne. Mais globalement, il ne peut y avoir insuffisance ou excès de la demande. En revanche, la situation est différente si les individus souhaitent conserver une partie de leur épargne sous forme de monnaie non placée dans le système financier. En effet, si les individus ont une certaine ***préférence pour la liquidité*** et, de ce fait, n'utilisent pas la monnaie uniquement pour acheter des biens et services, mais aussi comme ***réserve de valeur***, l'épargne constitue réellement une fuite dans le circuit du revenu. La présence d'une demande de monnaie pour elle-même et non pas seulement comme instrument d'échange peut introduire un déséquilibre *ex ante* entre production et dépense. On comprend ici l'importance des intermédiaires financiers pour transformer en moyens de financement pour l'investissement une épargne que des ménages souhaitent conserver sous une forme très liquide.

3. Le problème du plein-emploi

Les grands équilibres présentés plus haut ne font apparaître explicitement que l'équilibre du marché des biens et services et l'équilibre financier. Il se pose alors l'une des grandes questions de la macroéconomie moderne : quand l'équilibre entre la demande et l'offre globales d'une part, et l'équilibre financier d'autre part, sont réalisés, le niveau d'activité économique permet-il d'utiliser tous les facteurs de production disponibles au mieux de leurs capacités ? Le fait que les entreprises parviennent à vendre leur production et que les besoins de financement rencontrent bien des capacités de financement n'implique en rien que tous les travailleurs et tous les équipements disponibles soient pleinement employés. Toute la question est de savoir s'il existe, sur les marchés des facteurs de production, des mécanismes conduisant systématiquement les producteurs rationnels à employer tous les facteurs disponibles. En particulier, si un facteur est sous-employé (par exemple, le travail), suffit-il de laisser son prix (le salaire) baisser sur le marché pour inciter les producteurs à l'utiliser pleinement ? Cette question alimente une part importante du débat théorique entre néoclassiques et keynésiens.

4. Le financement de l'économie et l'inflation

Nous avons déjà souligné que l'intervention des institutions financières est indispensable à l'équilibre financier. Mais, au-delà du rôle de simple intermédiaire évoqué ci-dessus, ces institutions sont également amenées à créer des moyens de paiement supplémentaires. L'épargne des agents non financiers disponible *ex ante* peut être insuffisante pour combler les besoins de financement des agents résidents; même si elle est suffisante globalement, elle ne l'est pas partout et à tout moment. Aussi les banques assurent-elles une partie du financement des besoins de leur clientèle par la création de monnaie. Le problème posé par la création monétaire est celui des ***risques d'inflation***, c'est-à-dire d'une hausse du ***niveau général des prix***. En effet, comme nous l'avons déjà précisé, si la quantité de monnaie se développe plus rapidement que la quantité de biens et services, cela peut créer une demande globale excédentaire et provoquer une hausse des prix généralisée.

5. La contrainte extérieure

Dans une économie ouverte, nous avons vu que l'équilibre comptable est toujours réalisé mais avec le concours de l'extérieur. Dans une certaine mesure, le reste du monde peut contribuer à corriger les déséquilibres économiques internes, mais il fait aussi peser des contraintes supplémentaires sur l'économie nationale.

→ Déficit et contrainte financière

Par exemple, si l'épargne *ex ante* est plus faible que l'épargne prévue par les entreprises, la production intérieure de biens de consommation est insuffisante pour répondre à la demande. Mais cet excès de demande *ex ante* peut être corrigé si les agents résidents achètent des produits étrangers substituables aux produits nationaux. Les importations contribuent ainsi non seulement à l'équilibre comptable mais aussi à l'équilibre économique; les agents parviennent à réaliser leurs plans: les entreprises vendent tous les biens de consommation qu'elles pensaient vendre, les consommateurs ont trouvé sur les marchés tous les biens qu'il souhaitaient acheter. Cependant, ce développement des importations peut engendrer un déficit de la balance commerciale et donc créer un besoin de financement en devises (si le pays ne peut pas, comme les États-Unis, payer l'étranger dans sa propre monnaie). Ce besoin peut être comblé par un endettement en devises, mais celui-ci entraîne ensuite des remboursements en devises des intérêts et des capitaux empruntés. Il faut donc bien dégager de temps à autre des capacités de financement en devises pour honorer ces dettes. Un pays ne peut pas avoir en permanence un déficit des échanges financé par l'endettement extérieur. De plus, si la théorie économique positive est indifférente au fait que les besoins des consommateurs soient satisfaits par des produits nationaux ou étrangers, les industriels, les groupes de pression et donc les politiques économiques ne le sont pas.

➜ Excédent et risque d'inflation

Prenons maintenant l'exemple inverse : une insuffisance de la demande intérieure (excès d'épargne *ex ante*). Ce déséquilibre intérieur peut éventuellement être compensé par une augmentation des exportations si les producteurs nationaux trouvent à l'étranger des clients pour les biens restés invendus à l'intérieur. Mais un développement des exportations peut amener un excédent de la balance commerciale et contribuer ainsi à des entrées nettes de devises dans le pays. Les agents résidents bénéficiaires de ces entrées de devises les convertiront en monnaie nationale auprès des banques qui mettent ainsi en circulation des moyens de paiement supplémentaires sur le marché intérieur. Cette création monétaire n'est pas accompagnée d'une augmentation parallèle de la quantité de biens et services disponibles sur le marché intérieur, et, de ce fait, elle peut favoriser l'inflation.

6. Le problème structurel : équilibre global et équilibre des branches

L'équilibre économique ne suppose pas seulement l'équilibre *ex ante* entre l'offre et la demande ***globales***. Il faut aussi que cet équilibre soit vérifié ***pour chaque branche particulière***. (Rappelons qu'une branche rassemble les producteurs d'un même bien ou service homogène.)

En effet, si les dépenses globales de consommation prévues par les ménages sont bien équivalentes à la valeur de la production globale de biens de consommation prévue par les entreprises, cela n'implique pas que l'équilibre soit vérifié pour chaque produit particulier. L'équilibre global des dépenses et des productions est compatible avec des excès d'offre sur certains marchés, compensés par des excès de demande sur d'autres marchés. En fait, il n'y a aucune raison de penser *a priori* que les prévisions de production seront exactement conformes aux prévisions de consommation pour chacun des milliers de produits qui s'échangent sur les marchés. L'équilibre ne dépend donc pas seulement de la distribution d'un revenu suffisant et d'une prévision correcte de la répartition du revenu entre épargne et consommation. Il faut en outre qu'existent sur chaque marché des mécanismes susceptibles de corriger rapidement les inévitables déséquilibres locaux. En particulier, une part importante du débat macroéconomique porte sur le degré de confiance que l'on peut faire aux fluctuations de prix pour assurer cette correction des déséquilibres.

La comptabilité nationale, à travers le Tableau des entrées-sorties (TES), offre précisément un éclairage intéressant sur le problème de l'interdépendance des branches. Nous consacrerons donc la fin de ce chapitre au TES, avant de reprendre l'étude de la théorie macroéconomique.

III. L'équilibre des branches

A– Présentation du Tableau des entrées-sorties (TES)

Le Tableau des entrées-sorties décrit l'équilibre des opérations sur biens et services, détaillé par branche d'activité.

Le TES publié dans les comptes de la nation comprend 38 branches, rassemblant chacune les unités de production produisant un même bien ou service, mais on peut parfaitement comprendre la présentation et l'utilité du TES à partir du tableau très simplifié que nous proposons en page ci-contre, avec seulement trois branches (agriculture, industrie et services).

La structure générale du TES se présente ainsi :

Tableau des ressources en produits	Tableau des emplois intermédiaires	Tableau des emplois finals
	Compte de production ou d'exploitation des branches	
	Passage de la production effective à la production distribuée	Calcul du PIB

1. Le tableau des ressources en produits

Il décompose la valeur (aux prix de marché) des biens et services offerts sur les marchés en production distribuée et en importations. La production est évaluée hors TVA et droits de douane. Pour obtenir des ressources évaluées aux prix de marché (comme les emplois), il faut donc ajouter la TVA et les droits de douane, nets des subventions à l'importation. La ligne 1 du tableau se lit ainsi : la valeur hors TVA et droits de douane de la production agricole est de 914 milliards ; en outre, on a importé pour 74 milliards de produits agricoles ; au total, en tenant compte des 25 milliards de TVA et droits de douane, les ressources en produits agricoles s'élèvent à 1 013 milliards, aux prix de marché.

TABLEAU DES ENTRÉES-SORTIES SIMPLIFIÉ
(chiffres fictifs)

RESSOURCES EN PRODUITS

	Production distribuée	Importations	TVA et droits de douane nets	Total
1	914	74	25	1 013
2	3 988	1 220	372	5 580
3	5 650	114	116	5 880
	10 552	1 408	513	12 473

ENTRÉES INTERMÉDIAIRES

	1 Agriculture	2 Industrie	3 Services	Total
1 Agriculture	256	103	48	407
2 Industrie	143	1 000	544	1 687
3 Services	30	778	2 050	2 858
Total	429	1 881	2 642	4 952

Consomm. int.	429	1 881	2 642	4 952
Valeur ajoutée	270	1 730	3 600	5 600
Production	699	3 611	6 242	10 552
Transferts	215	377	– 592	0
Prod. distribuée	914	3 988	5 650	10 552

EMPLOIS FINALS DES PRODUITS

Consommation finale	Formation brute de capital fixe	Variations de stocks	Exportations
468	4	9	125
1 647	1 202	31	1 013
2 670	65		287
4 785	1 271	40	1 425

CALCUL DU PIB

Somme des valeurs ajoutées	5 600
TVA et droits de douane nets	513
Produit intérieur brut	6 113

→ Remarque

Dans le TES complet, la production distribuée est évaluée au prix ***à la production*** (avant commercialisation). On insère donc des colonnes supplémentaires pour ajouter les marges commerciales, qui constituent la partie du prix de vente final qui rémunère les entreprises commerciales chargées de la distribution des produits. Mais il faut alors tenir compte de ce que ces marges commerciales représentent par ailleurs la valeur de la production de la branche commerce. Aussi, à l'intersection de la ligne commerce et des colonnes marges commerciales, on annule les marges de façon à ne pas compter une seconde fois, en production commerciale, une valeur déjà incluse dans la valeur de la production des autres branches.

2. Le tableau des entrées intermédiaires

Quand on lit ce tableau en ligne, il indique la consommation intermédiaire d'un même produit par les différentes branches. Par exemple, la ligne 2 indique que les produits industriels ont été utilisés en consommation intermédiaire à concurrence de 143 milliards par la branche agriculture, 1 000 milliards par la branche industrie et 544 milliards par les services.

Lu en colonne, le tableau décrit les consommations intermédiaires des différents produits par une même branche. Ainsi, la colonne 2 montre que la branche industrie a utilisé en consommation intermédiaire 103 milliards de produits agricoles, 1 000 milliards de produits industriels et 778 milliards de services.

→ Remarque

Dans le TES complet, on ajoute une colonne « unité fictive » pour faire apparaître la consommation intermédiaire des services bancaires, qui ne peut être ventilée entre les branches.

3. Le tableau des emplois finals

Il montre (en ligne) les différents emplois d'un produit au stade final: consommation, investissement (FBCF et variation des stocks) ou exportation. Si l'on fait le total des emplois finals et des emplois intermédiaires, on trouve une valeur nécessairement équivalente au total des ressources indiqué dans le tableau des ressources en produits.

4. Les autres tableaux

Le calcul du PIB se passe de commentaire et a déjà été expliqué. Il en va de même des comptes de production et d'exploitation, qui font simplement apparaître la valeur ajoutée et l'excédent brut d'exploitation de chaque branche.

Enfin, le dernier tableau en bas fait apparaître une ligne de transferts de production entre les branches. En effet, une branche peut ***produire*** à titre accessoire des biens ou services qui relèvent d'autres branches et sont donc ***distribués*** sur les marchés d'autres branches.

Ainsi, pour des raisons techniques, la production d'un bien peut entraîner fatalement la production jointe d'un autre bien qui appartient normalement à une autre branche (par exemple, le gaz produit par les hauts-fourneaux qui fabriquent de l'acier) : ces ***produits fatals*** sont produits dans une branche, mais vont ensuite alimenter les ressources en produits d'une autre branche.

De même, quand des entreprises industrielles vendent des services d'étude et de recherche, il s'agit de services marchands distribués dans la branche services mais produits dans la branche industrie. Le même problème se pose pour les ***ventes résiduelles*** de biens marchands par des administrations publiques dont le coût de fonctionnement est globalement enregistré comme une production de services non marchands (exemple: une administration édite une plaquette d'information qu'elle vend au public). Dans tous ces cas, pour assurer l'équilibre comptable des ressources et des emplois, il faut transférer certaines valeurs de production des branches dans lesquelles elles ont été enregistrées vers les branches dont elles alimentent effectivement le marché. Le total de la ligne transferts est toujours nul.

B– Utilisation du Tableau des entrées-sorties

L'intérêt majeur du TES est de faire apparaître l'interdépendance des branches à travers les consommations intermédiaires. En effet, chaque branche utilise les produits des autres branches et, de ce fait, les variations de l'activité dans l'une d'entre elles affectent un grand nombre, voire toutes les autres branches. Une réduction de la demande et donc de la production dans une branche amène une réduction de la demande de biens intermédiaires que cette branche adresse aux autres branches; inversement, une augmentation de la production peut être répercutée de branche en branche par le biais des consommations intermédiaires.

Le TES sert ainsi à simuler les effets d'un choc ou d'un mouvement prévisible dans un secteur donné sur l'ensemble de l'économie. Il permet aussi de vérifier la cohérence d'ensemble du système productif: on peut notamment déceler si la croissance de certaines branches ne sera pas freinée par une trop faible capacité de production des branches qui les fournissent en biens intermédiaires.

1. La matrice des coefficients techniques

Pour mettre en évidence l'interdépendance des branches et « faire tourner » le modèle du TES dans des exercices de simulation, on transforme le tableau des entrées intermédiaires en un tableau (ou « matrice ») des coefficients techniques.

> Un coefficient technique mesure la consommation intermédiaire d'un produit qui est nécessaire à une branche pour une production d'un euro.

Si l'on désigne par l'indice « i » les différents produits et par l'indice « j » les différentes branches, le coefficient technique du produit i dans la branche j, c_{ij}, est donc calculé ainsi :

$$C_{ij} = \frac{\text{Consommation intérmédiaire du produit i par la branche j}}{\text{production effective de la branche j}}$$

Par exemple, dans notre TES simplifié, le coefficient technique c_{23}, qui mesure la consommation intermédiaire de produits industriels nécessaire à la production d'un euro par la branche services est :

$$C_{23} = \frac{544}{6\,242} = 0{,}0872.$$

Ce coefficient indique que la branche services doit utiliser 0,0872 euros de produits industriels pour produire un euro de services. Un calcul analogue pour toutes les branches et tous les produits nous donne la matrice des coefficients techniques :

BRANCHES / PRODUITS	AGRICULTURE	INDUSTRIE	SERVICES
Agriculture	0,3662	0,0285	0,0077
Industrie	0,2046	0,2769	0,0872
Services	0,0429	0,2155	0,3284

2. Un exemple de simulation

Pour illustrer simplement le type de prévisions auquel le TES peut servir, supposons que l'économie représentée par notre TES simplifié voie sa demande étrangère de produits industriels augmenter de 30 milliards. Pour répondre à cette demande supplémentaire, la branche industrie va devoir augmenter sa production de 30 milliards ; mais pour cela, elle devra accroître sa consommation intermédiaire des trois catégories de produits.

Pour mesurer cette ***première vague d'effets***, on multiplie la production supplémentaire (30) par les trois coefficients techniques de la branche industrie, ce qui nous donne :

PREMIÈRE VAGUE D'EFFETS

Consommations intermédiaires supplémentaires (en milliards)

BRANCHES / PRODUITS	AGRICULTURE	INDUSTRIE	SERVICES	TOTAL
Agriculture	0	30 × 0,0285 = 0,86	0	0,86
Industrie	0	30 × 0,2769 = 8,31	0	8,31
Services	0	30 × 0,2155 = 6,46	0	6,46

La production supplémentaire de 30 milliards de produits industriels conduit également à produire respectivement 0,86 milliard, 8,31 milliards et 6,46 milliards de produits agricoles, industriels et de services pour assurer les consommations intermédiaires. On voit donc qu'il y a une ***deuxième vague d'effets*** sur l'ensemble des branches. Il faut donc à présent multiplier la production supplémentaire de biens intermédiaires dans chaque branche par les trois coefficients techniques de la branche. On obtient :

DEUXIÈME VAGUE D'EFFETS

Consommations intermédiaires supplémentaires (en milliards)

BRANCHES / PRODUITS	AGRICULTURE	INDUSTRIE	SERVICES	TOTAL
Agriculture	0,86 × 0,3662 = 0,31	8,31 × 0,0285 = 0,24	6,46 × 0,0077 = 0,05	0,60
Industrie	0,86 × 0,2046 = 0,18	8,31 × 0,2769 = 2,30	6,46 × 0,0872 = 0,56	3,04
Services	0,86 × 0,0429 = 0,04	8,31 × 0,2155 = 1,79	6,46 × 0,3284 = 2,12	3,95

On pourrait calculer une troisième vague d'effets pour évaluer les besoins en biens intermédiaires qui seront engendrés par la production de 0,60, 3,04 et 3,95 milliards supplémentaires, respectivement en produits agricoles, industriels et de services ; et ainsi de suite jusqu'à l'annulation des effets. Pour mener ce type de simulation à son terme, on utilise les techniques du calcul matriciel et des moyens informatiques.

L'utilisation du TES repose toutefois sur une hypothèse qui limite la portée des simulations au-delà du court terme : on suppose que les coefficients techniques restent constants. Cette hypothèse est pertinente à court terme. Mais, au-delà de deux ou trois années, on ne peut supposer que les entreprises utilisent constamment les mêmes méthodes de production et connaissent donc les mêmes besoins en consommations intermédiaires. En effet, les techniques changent, les prix relatifs des différents biens intermédiaires évoluent et les entreprises adaptent en permanence leurs méthodes de production à ces mutations. Les exercices de simulation à l'aide du TES sont donc réservés à des prévisions de court terme.

5 chapitre

Les calculs usuels sur les variables macroéconomiques

Ce chapitre développe les techniques de calcul élémentaires qui constituent la boîte à outils minimum dans l'analyse des variables macroéconomiques : taux de croissance annuel, taux de croissance moyen, passage d'une variable « nominale » à une variable « réelle », présentation d'une évolution sous forme d'indices. Ces techniques de calcul sont illustrées par des ***exemples pratiques qui ont pour point de départ les chiffres du tableau 1 ci-dessous***. Ces derniers sont totalement fictifs.

Tableau 1

PIB NOMINAL ET PIB RÉEL AUX PRIX DE MARCHÉ – 2014-2018

	2014	2015	2016	2017	2018
PIB (aux prix courants)	1 000	1 300	1 500	1 600	1 700
PIB (aux prix de 2014)	1 000	1 050	1 092	1 130	1 152
Consommation (aux prix de 2014)	800	861	950	926	900

I. La méthode d'évaluation

1. « Nominale » ou « en valeur »

Une série statistique ***nominale*** décrit la ***valeur monétaire*** de la variable étudiée, mesurée avec les ***prix courants***, c'est-à-dire les prix en vigueur à la date d'observation. « *Nominal* », « *en valeur* », « *à prix courants* », « *en euros courants* » ou « *en dollars courants* » sont des expressions équivalentes. La première ligne du tableau correspond donc au PIB nominal. Les variables nominales sont généralement celles que l'on observe directement. Le salaire nominal est simplement le montant inscrit sur les fiches de paye des salariés ; le taux d'intérêt nominal perçu par un agent est le montant viré sur son compte en banque ; etc.

La valeur monétaire (V) d'une grandeur économique peut être décomposée comme le produit d'une quantité (Q) par un prix (P) :

$$\text{Valeur} = \text{quantité} \times \text{prix, ou encore} : V = Q \times P$$

Par exemple, la valeur de la production est la quantité produite multipliée par le prix moyen des biens ; la valeur du salaire est égale à la quantité de biens que l'on peut acheter multipliée par le prix moyen des biens, etc.

Une grandeur mesurée en valeur dépend donc à la fois des quantités et des prix. Quand on observe l'évolution d'une variable nominale, on ne sait pas si elle est le résultat d'un changement dans les quantités ou dans les prix ou d'une combinaison de ces deux éléments.

2. « Réelle » ou « en volume »

Une série réelle ne dépend que de l'évolution des quantités. Une variable mesurée en unités physiques (kilos, litres, mètres cubes) est donc une variable réelle. Mais une variable exprimée en unités monétaires peut aussi être une donnée réelle. Il suffit pour cela que son évolution soit indépendante des prix et ne reflète que la variation des quantités ; c'est le cas si, à chaque période d'observation, on multiplie la quantité ***non par les prix courants, mais par les prix d'une seule et même période quelconque*** ; ainsi, on maintient les prix constants, et la série obtenue décrit uniquement l'évolution des quantités.

« *Réel* », « *en volume* », « *à prix constants* », « *aux prix de 2014* », « *en euros constants* », sont des expressions équivalentes. Dans le tableau 1, la deuxième ligne correspond donc au PIB réel, et la troisième ligne à la consommation réelle.

Nous réaliserons quelques applications pratiques sur cette transformation des variables nominales en variables réelles, après avoir rappelé les notions élémentaires sur les pourcentages et taux de croissance.

II. Pourcentages et taux de croissance

1. Calcul et utilisation du pourcentage (%)

Il est souvent utile d'exprimer une variable, non pas en niveau absolu, mais en niveau relatif, c'est-à-dire comparée à une autre. Cela permet d'estimer l'importance véritable d'un chiffre. Ainsi, un déficit budgétaire ne représentant qu'un millième du PIB est négligeable. Le pourcentage autorise aussi des comparaisons qui ne seraient pas significatives en niveau absolu. Le même déficit absolu, qui représente un millième du PIB dans un pays, représentera un cinquième du PIB dans un autre pays dont le PIB est 200 fois inférieur !

Le pourcentage est une fraction multipliée par 100. Dans le tableau 1, cherchons quelle est la part du PIB en pourcentage qui est consacrée à la consommation finale. Désignons par P ce pourcentage, et par C la consommation. Nous calculons :

$$P = (C / PIB) \times 100 \qquad ...(1)$$

ce qui donne :

Tableau 2

CONSOMMATION FINALE EN POURCENTAGE DU PIB

	2014	2015	2016	2017	2018
Consommation (aux prix de 2014)	80	82	87	81,9	78,1

Le calcul d'un pourcentage exprime ce que représente une « partie » par rapport à un « tout ». Mais on peut connaître le pourcentage et ignorer le « tout » ou bien la « partie ». Comment les retrouver ? Reprenons notre relation (1) :

$$P = (C / PIB) . 100 \qquad ...(1)$$

On peut en déduire que :

$$C = PIB \times (P / 100) \qquad ...(2)$$

et que :

$$PIB = C / (P / 100) \qquad ...(3)$$

On peut retenir la règle :

> Pour retrouver la « partie », on multiplie le « tout » par le % ; pour retrouver le « tout », on divise la « partie » par le %.

Ainsi, on connaît le PIB (1 500), on sait que la consommation représente 78 % du PIB mais on ignore son niveau. On calcule :

$$C = 1\,500 \times (78 / 100) = 1\,500 \times (0{,}78) = 1\,170.$$

À présent, si l'on connaît la consommation (1 000) et sa part en pourcentage dans le PIB (80 %), on peut calculer :

$$PIB = 1\,000 / (80 / 100) = 1\,000 / (0{,}8) = 1\,250.$$

2. Variations absolues et relatives

La ***variation absolue*** d'une variable mesure sa différence de niveau entre deux dates. Soient deux dates 1 et 2. La variation absolue de la consommation entre ces deux dates est : valeur d'arrivée – valeur de départ = $C_2 - C_1$.

Le taux de croissance entre deux dates, 1 et 2, est la ***variation exprimée en pourcentage de la valeur de départ***. Ainsi, le taux de croissance de la consommation entre 1 et 2 est :

$$TC = [(\text{valeur finale} - \text{valeur initiale}) / \text{valeur initiale}] \times 100$$

$$TC = [(C_2 - C_1) / C_1] \times 100 \qquad \ldots(4)$$

Procédons à ces deux calculs pour la consommation de 2015 à 2018. On obtient :

Tableau 3

VARIATION ANNUELLE DE LA CONSOMMATION

	2015	2016	2017	2018
Variation absolue	61	89	– 24	– 26
Taux de croissance en %	7,63	10,34	– 2,53	– 2,81

3. Coefficient de variation

Il est aussi intéressant, et souvent utile, d'exprimer les variations d'une variable sous la forme d'un coefficient multiplicateur entre deux dates. Ce dernier est égal au rapport entre la valeur finale et la valeur initiale. Ainsi, le coefficient de variation (Cvar) de la consommation est :

$$Cvar = (\text{valeur finale} / \text{valeur initiale}) = C_2 / C_1 \qquad \ldots(5)$$

Ce calcul sur la période 2015-2018 donne :

Tableau 4

COEFFICIENT DE VARIATION DE LA CONSOMMATION

	2015	2016	2017	2018
Coefficient de variation	1,076	1,103	0,975	0,972

La consommation a été multipliée par 1,076 de 2014 à 2015 et par 1,103 de 2015 à 2016.

Il existe une relation simple entre le coefficient de variation et le taux de croissance. Le lecteur qui rapproche les tableaux 3 et 4 s'aperçoit vite que les chiffres du second tableau sont ceux du premier, divisés par 100 et auxquels on ajoute 1.

En effet, repartons du taux de croissance défini par la relation (4). On peut réécrire le taux de croissance ainsi :

$$TC = [(C_2 / C_1) - (C_1 / C_1)] \times 100 = [(C_2 / C_1) - 1] \times 100$$

On a donc la relation :

$$TC = (Cvar - 1) \times 100 \qquad ...(6)$$

et la relation inverse :

$$Cvar = 1 + (TC / 100) \qquad ...(7)$$

On retiendra les règles pratiques suivantes :

Une variation de x % est équivalente à une multiplication par 1 + (x / 100).

Ainsi, une augmentation de 15,75 % est équivalente à une multiplication par 1 + (15,75 / 100) = 1 + 0,1575 = 1,1575. Et une baisse de 7,25 % équivaut à une multiplication par 1 – (7,25 / 100) = 1 – 0,0725 = 0,9275.

Une multiplication par x est équivalente à une variation en pourcentage égale à 100 fois (x – 1).

Une multiplication par 1,0375 est identique à une variation en pourcentage égale à 100 × (1,0375 – 1) = 100 × 0,0375 = 3,75 %. Et une multiplication par 0,876 équivaut à une variation en pourcentage égale à 100 · (0,876 – 1) = 100 × (– 0,124) = – 12,4 %.

4. Erreurs à éviter

1°) On ne peut additionner ou soustraire des pourcentages que s'ils sont calculés par rapport au même total.

2°) Les hausses et les baisses d'une même variable en pourcentage n'ont pas des effets symétriques sur les valeurs absolues.

Exemple :

Le PIB est égal à 1 000 ; il augmente de 10 % puis baisse de 10 % l'année suivante. Il serait donc revenu à son niveau initial ? Non ! Il a ***baissé***, parce que la baisse est calculée par rapport à un PIB plus important. Le PIB augmente de 100 la première année : il est donc égal à 1 100. Il baisse ensuite de 1 100 . 10 % = 110. À la fin de la seconde année, il est donc égal à 990 et non à 1 000.

3°) On ne cumule pas les taux de croissance par addition mais par multiplication des coefficients de variation correspondants.

Exemple :

Le PIB augmente de 10 % en 2016 et de 15 % en 2017. Au total, il aurait augmenté de 25 % ? Non ! On ne peut cumuler des taux de croissance par addition parce que le total par rapport auquel ils sont calculés est toujours différent. Si l'on veut mesurer la croissance sur l'ensemble de la période, on doit cumuler les coefficients de variation. En effet, si le PIB est multiplié par 1,10 en 2016 et par 1,15 en 2017, alors on peut dire que, en tout, il est multiplié par 1,1 · 1,15, ce qui fait 1,265. Il a donc varié de 26,5 %.

5. Le taux de croissance moyen

Supposons que le taux de croissance du PIB en France ait été de 3 %, 1,5 % et 2,5 % au cours des trois dernières années. Quel a été le taux de croissance moyen sur l'ensemble de la période ? On a déjà évoqué l'erreur à éviter : le taux de croissance moyen n'est pas la somme des taux annuels divisé par trois. On ne peut cumuler des pourcentages calculés par rapport à des totaux différents. Ainsi, la moyenne arithmétique ne permet pas de calculer une croissance moyenne.

Là encore, on doit passer par les coefficients de variation. En trois ans, le PIB a été multiplié par (1,03) . (1,015) . (1,025) = 1,076. On cherche par combien il a été multiplié en moyenne chaque année, autrement dit on cherche un coefficient multiplicateur moyen, Cvar.Moy., qui, multiplié trois fois par lui-même (ou encore, élevé à la puissance 3), donne 1,076. Soit :

$$(\text{Cvar.Moy.})^3 = 1{,}076.$$

Le coefficient moyen recherché est donc la racine cubique de 1,076 :

$$\left(\text{Cvar.Moy}\right) = \sqrt[3]{1{,}076} = 1{,}0247.$$

Si l'on calculait un taux de croissance moyen sur deux ans, on prendrait la racine carrée du produit des deux coefficients multiplicateurs. Sur n années, on prendrait la racine $n^{\text{ième}}$… Ce résultat est ce que l'on appelle une ***moyenne géométrique*** (la racine d'un produit).

Le PIB a donc été multiplié par 1,0247 en moyenne chaque année. Le taux de croissance annuel moyen est donc : 2,47 %.

Dans la pratique, le calcul est le plus souvent effectué en utilisant la relation inverse entre les puissances et les racines.

En effet : $\sqrt[n]{y} = y^{1/n}$.

Les calculatrices scientifiques n'ont pas toujours une touche $\sqrt[n]{y}$, mais elles disposent toujours d'une touche y^x. On commence donc par calculer x = 1 / n (1 / 3 dans notre exemple) et l'on élève *y* (1,076 dans notre exemple) à la puissance *x*.

Généralisons ce résultat. Si l'on appelle Cvar.Tot. le coefficient de variation total d'une grandeur pendant *n* périodes, le coefficient de variation moyen par période est :

$$\text{Cvar.Moy.} = (\text{Cvar.Tot.})^{1/n} \qquad \ldots(8)$$

et le taux de croissance moyen (TCM) est, en appliquant la relation (6) :

$$\text{TCM} = (\text{Cvar.Moy.} - 1) \times 100 = [(\text{Cvar.Tot.})^{1/n} - 1] \times 100 \quad \ldots(9)$$

Appliquons ce résultat, avec les données du tableau 1, en calculant le taux de croissance moyen du PIB réel entre 2014 et 2018. On commence par compléter le tableau suivant :

Tableau 5

COEFFICIENT DE VARIATION DU PIB RÉEL

	2015	2016	2017	2018
Cvar du PIB réel	1,05	1,04	1,035	1,019

On peut alors calculer :

$$\text{Cvar.Tot.} = (1{,}05 \times 1{,}04 \times 1{,}035 \times 1{,}019) = 1{,}152.$$

Notons que, dans cet exemple, on peut obtenir le même résultat en calculant directement le coefficient multiplicateur du PIB réel entre 2014 et 2018. Il suffit de diviser le PIB de 2018 (1 152) par le PIB de 2014 (1 000).

Le PIB a donc été multiplié par 1,152 en quatre ans.

Le coefficient de variation moyen est donc :

$$(1{,}152)^{1/4} = (1{,}152)^{0{,}25} = 1{,}036.$$

On obtient alors le taux de croissance moyen :

$$(1{,}036 - 1) \times 100 = 3{,}6\,\%.$$

Attention ! Lorsqu'on veut calculer un taux d'inflation moyen, il ne faut pas oublier que ce chiffre est un taux de croissance (des prix). La moyenne arithmétique est donc inadaptée à ce calcul et il faut utiliser, comme ci-dessus, la moyenne géométrique.

III. Le passage des variables nominales aux variables réelles

1. La méthode de calcul

Les coefficients de variation ont une utilité particulière pour les variables macroéconomiques : ils permettent de passer aisément d'une variable « nominale » à une variable « réelle », si l'on connaît l'évolution des prix ; ou bien de calculer la variation des prix si l'on dispose des deux séries, nominale et réelle ; ou bien encore de retrouver l'évolution nominale à partir des variations de prix et des variations en « volume ».

En effet, l'identité Valeur = Quantité × Prix, ou $V = Q \times P$, est également vérifiée entre les coefficients de variation :

$$\text{Cvar}(V) = \text{Cvar}(Q) \times \text{Cvar}(P) \qquad \ldots(10)$$

Rappelons ici que le terme « quantité » peut s'appliquer à une série exprimée en euros, mais à prix constants (une série « réelle », en « volume », etc.).

La relation (10) décrit le calcul le plus simple mais le moins utile. Le plus souvent, on l'utilise sous deux formes, selon que l'inconnue à calculer est la variation des quantités ou celle des prix :

$$\text{Cvar}(Q) = \text{Cvar}(V) \,/\, \text{Cvar}(P) \qquad \ldots(11)$$

$$\text{Cvar}(P) = \text{Cvar}(V) \,/\, \text{Cvar}(Q) \qquad \ldots(12)$$

La première relation (11) permet de « déflater » une série, c'est-à-dire d'éliminer l'effet de l'inflation sur une série en valeur pour obtenir une série en volume. Ainsi, pour mesurer l'évolution du pouvoir d'achat des salaires, on divise le coefficient de variation des salaires « nominaux » par celui des prix à la consommation.

La seconde relation (12) sert à mesurer l'inflation à partir de la production en valeur et en volume. C'est ainsi qu'on calcule le « déflateur implicite du PIB » : taux d'inflation déduit du rapport entre l'évolution du PIB en valeur et son évolution en volume.

2. Première application

En utilisant les données du tableau 1, calculons le taux d'inflation implicite et utilisons-le pour mesurer la consommation à prix courants de 2015 à 2018. On commence par calculer le coefficient de variation du PIB à prix courants puis à prix constants (première et deuxième lignes du tableau). On divise la première ligne par la deuxième (*cf.* relation 12), pour calculer Cvar(P). On calcule ensuite le Cvar cumulé des prix par rapport à l'année de base (2014) : 1,238, en 2015, 1,238 × 1,109 = 1,373, en 2016, et ainsi de suite. On obtient enfin la consommation à prix courants pour chaque année en multipliant la consommation mesurée aux prix de 2014 (tableau 1) par le Cvar cumulé des prix depuis 2014.

Tableau 6

	2015	2016	2017	2018
Cvar PIB nominal	1,3	1,154	1,067	1,062
Cvar PIB réel	1,05	1,04	1,035	1,019
Cvar des prix	1,238	1,109	1,031	1,042
Cvar prix cumulé	1,238	1,373	1,415	1,475
Consomm. à prix courants	1 065,9	1 304,3	1 310,3	1 327,5

3. Seconde application

Au cours de trois années, le ***taux d'intérêt nominal*** versé sur des obligations prend les valeurs successives suivantes : 12,5 %, 14 %, 11 %. Durant la même période, le taux d'inflation est respectivement de 11 %, 16 %, 12 %. On comprend que, pour le prêteur comme pour le débiteur, seule compte la valeur réelle de l'intérêt perçu ou versé, c'est-à-dire son pouvoir d'achat.

Pour mesurer le ***taux d'intérêt réel***, il faut donc « déflater » le taux d'intérêt nominal. Un calcul mental très fréquent consiste à faire simplement la différence entre le taux d'intérêt et le taux d'inflation. Cela donnerait ici : 1,5 %, – 2 %, – 1 %. En toute rigueur cependant, il s'agit là d'une approximation. Le calcul correct doit utiliser les coefficients de variation. On se pose la question suivante : comment évolue la valeur réelle d'un capital placé à 12,5 % si, dans le même temps, les prix augmentent de 11 % ?

La valeur nominale est multipliée par Cvar(V) = 1 + (12,5 / 100) = 1,125. Mais les prix sont multipliés par Cvar(P) = 1,11. Par conséquent, en appliquant la relation (11), la valeur réelle de notre capital est multipliée par Cvar(Q) = 1,125 / 1,11 = 1,0135. Le taux d'intérêt réel est donc de 1,35 %, et non de 1,5 %. Le même calcul pour les deux années suivantes donne des taux réels de – 1,72 %

et – 0,89 %. Ces taux négatifs signifient concrètement que l'investisseur perd 1,72 % puis 0,89 % de pouvoir d'achat en détenant des obligations dont le rendement nominal est inférieur à la dépréciation de la monnaie. On comprend la nécessité de surveiller les taux réels et non les taux nominaux !

Notons que l'erreur du calcul approximatif proposé plus haut est d'autant plus grande que l'écart entre les deux taux est important. Une erreur de quelques dixièmes de points en pourcentage peut sembler tolérable en première approximation. Mais notons tout de même qu'un écart de 0,2 % sur un capital d'un milliard représente deux millions.

IV. La présentation des variables en indices

1. Indice élémentaire

Au lieu d'écrire que le PIB est passé de 900 000 millions à 1 800 000 millions, on peut dire, puisqu'il a doublé, que l'indice du PIB est passé de 100 à 200. Un indice élémentaire en base 100 est simplement le coefficient de variation d'une variable par rapport à une année de base, multiplié par 100.

$$\text{Indice élémentaire} = \text{Cvar} \times 100 \qquad \ldots(13)$$

On peut dire aussi que le coefficient de variation est un indice élémentaire en base 1.
L'indice de la consommation (IND), une année quelconque t, base 100 en t_0, est donc :

$$\text{IND} = (Ct / Ct_0) \times 100.$$

On peut ainsi reformuler le tableau 1 en transformant toutes les variables en indices, base 100 en 2014. On obtient :

Tableau 7
INDICES BASE 100 EN 2014

	2014	2015	2016	2017	2018
PIB (aux prix courants)	100	130	150	160	170
PIB (aux prix de 2014)	100	105	109,2	113	115,2
Consommation (aux prix de 2014)	100	107,6	118,8	115,8	112,5

Comment opérer si on décide de changer de base ? Tout simplement en divisant chaque observation par la valeur correspondante durant la nouvelle année de base, et en multipliant chaque résultat par 100.

2. Un indice synthétique : l'indice de Laspeyres

L'indice le plus connu du public est sans doute l'indice des prix à la consommation. Il ne s'agit pas d'un ***indice simple*** retraçant ***l'évolution du prix d'un seul bien***, mais d'un ***indice synthétique*** qui décrit ***l'évolution du prix moyen*** d'un ensemble de produits (le panier de consommation du ménage type). Autrement dit, il s'agit d'une moyenne des indices élémentaires correspondant à chaque produit. Une moyenne arithmétique simple serait inadaptée parce que tous les produits n'ont pas le même poids dans le « panier de la ménagère ». Pour calculer l'indice moyen d'une année donnée, on fait donc une moyenne des indices élémentaires pondérée par la dépense effectuée par le ménage type sur chacun de ces produits au cours d'une année de base.

Calculons l'indice moyen des prix d'un ensemble de n biens. Nous désignons par P_i, le prix, et par Q_i, la quantité consommée d'un bien quelconque, l'indice i repérant chacun des n biens. 0 désigne l'année de base, et 1, l'année durant laquelle on calcule l'indice.
Pour un bien i, l'indice de prix élémentaire à la date 1 est : $\frac{P_{i1}}{P_{i0}} \times 100$.

Les dépenses en bien i durant l'année de base sont égales à : $P_{i0} \times Q_{i0}$.

L'indice de Laspeyres des prix est une moyenne arithmétique des indices pondérée par les dépenses durant l'année de base.

Pour chaque bien, on multiplie donc l'indice élémentaire par la dépense de l'année de base ; on somme ces calculs (symbole Σ dans la formule) pour les n biens ; on divise par la somme des pondérations. Cela nous donne l'indice de Laspeyres des prix (Lp) :

$$\text{Lp} = \frac{\sum_{i=1}^{n} (P_{i1} / P_{i0})(P_{i0} \times Q_{i0})}{\sum_{i=1}^{n} (P_{i0} \times Q_{i0})} \times 100 \qquad \ldots(14)$$

Notons que le numérateur peut se simplifier. En effet :

$$\frac{P_{i1}}{P_{i0}} \times (P_{i0} \times Q_{i0}) = \frac{(P_{i1} \times P_{i0} \times Q_{i0})}{P_{i0}} = P_{i1} \times Q_{i0}$$

Pour le calcul de l'indice de Laspeyres, on retient donc la formule simplifiée suivante :

$$\text{Lp} = \frac{\sum_{i=1}^{n} (P_{i1} \times Q_{i0})}{\sum_{i=1}^{n} (P_{i0} \times Q_{i0})} \times 100 \qquad \ldots(15)$$

Prenons un exemple. Soient trois biens, A, B, C, pour lesquels on connaît les prix et les quantités durant une année de base 0 et durant l'année 1 :

	P_0	Q_0	P_1	Q_1
Bien A	10	50	11	80
Bien B	30	100	32	150
Bien C	5	20	7	50

En appliquant la formule simplifiée (15), on calcule :
- au numérateur : (11 × 50) + (32 × 100) + (7 × 20) = 3 890 ;
- au dénominateur : (10 × 50) + (30 × 100) + (5 × 20) = 3 500.

L'indice de Laspeyres des prix est donc :

$$Lp = \frac{3\,890}{3\,500} \times 100 = 108{,}06.$$

Le taux d'inflation mesuré à l'aide de ces deux biens est donc de 8,06 % entre l'année 0 et l'année 1.

chapitre 6

Mécanismes monétaires nationaux et internationaux

I. Les mécanisme monétaires nationaux

A– Les fonctions de la monnaie

La monnaie, au sens strict, est constituée de l'ensemble des moyens de paiement immédiatement utilisables pour effectuer des règlements et acceptés par tous dans une communauté donnée.

On reconnaît traditionnellement trois fonctions à la monnaie : elle constitue un ***étalon de mesure*** de tous les biens ; elle est un ***intermédiaire dans les échanges*** qui évite les limites du troc ; elle est une ***réserve de valeur***.

1. Étalon de mesure

La monnaie permet d'exprimer en une seule et même unité de mesure tous les autres biens et services échangés ; cela constitue une économie d'information considérable dans une économie d'échange. Ainsi, avec 1 000 biens autres que la monnaie, on aura seulement 1 000 prix dans une économie monétaire ; dans une économie sans monnaie, où le prix de chaque bien doit être mesuré par un taux d'échange (un prix relatif) avec chacun des 999 autres biens, il y aura autant de prix qu'il existe de combinaisons possibles de deux nombres parmi un ensemble de 1 000 nombres, soit : 499 500 prix !

2. Intermédiaire dans les échanges

En l'absence de monnaie, les biens et services sont échangés directement entre eux (économie de troc). Le troc pose des problèmes évidents : difficulté à rencontrer la personne qui dispose des biens recherchés par un agent et désire précisément les biens que cet agent est prêt à échanger ; indivisibilité de certaines marchandises ; coûts de transport ; coûts de stockage des marchandises en attendant que les échanges soient possibles, etc. Le troc limite considérablement le volume des échanges parce qu'il entraîne des coûts de transaction élevés.

L'introduction d'une monnaie évite le troc et permet des échanges indirects plus souples et moins coûteux : tous les biens sont échangés contre un seul et même bien (la monnaie) qui pourra à son tour, n'importe où dans une communauté donnée, et à n'importe quel moment, être échangé contre tous les autres biens.

3. Réserve de valeur

La monnaie n'est pas forcément utilisée immédiatement pour effectuer des transactions ; elle peut être conservée et permet ainsi de reporter à plus tard les décisions d'affectation des ressources des agents ; la monnaie est donc aussi une façon de conserver la richesse (le patrimoine), au même titre que les valeurs mobilières ou les biens immobiliers, mais elle présente deux avantages spécifiques :

1°) elle reste parfaitement liquide (c'est-à-dire immédiatement utilisable pour n'importe quelle transaction) ;

2°) hormis le risque d'inflation, elle ne fait courir aucun risque de perte en capital à son détenteur.

B– L'offre de monnaie

1. La création de monnaie par les banques

La monnaie est offerte par les banques ; elles créent de la monnaie par un simple jeu d'écritures, en portant des sommes au crédit des comptes des différents agents économiques. Elles procèdent à cette création monétaire pour répondre aux besoins de liquidités des agents non bancaires (administrations, ménages, entreprises). Prenons quelques exemples :

1°) Un exportateur est payé en dollars ; ces dollars ne sont pas de la monnaie (en France) mais une créance sur un pays étranger ; l'exportateur demande à sa banque de convertir ses dollars en euros ; la banque crédite son compte d'un montant en euros; elle met en circulation des moyens de paiement supplémentaires en contrepartie d'une créance sur les États-Unis.

2°) Une entreprise accorde des délais de paiement de 90 jours à ses clients; elle détient donc des reconnaissances de dettes (effets de commerce: lettre de change, billet à ordre…) qui constituent des créances sur d'autres agents économiques; quand l'entreprise a des besoins de liquidités, elle peut faire ***escompter*** ces effets de commerce par sa banque; la banque reprend les effets de commerce à son compte, moyennant paiement d'un taux d'intérêt, et porte leur valeur au crédit du compte de l'entreprise; elle met en circulation des moyens de paiement supplémentaires en contrepartie d'une créance sur des agents économiques intérieurs.

3°) L'État a besoin de liquidités pour financer le déficit du budget; il émet des bons du Trésor pour emprunter les liquidités nécessaires. Les banques peuvent créer de la monnaie en créditant le compte du Trésor public en contrepartie des bons du Trésor qu'elles souscrivent.

4°) Un ménage a besoin d'argent et demande un prêt personnel à sa banque. Dans ce cas, il n'existe pas de contrepartie préalable à la création monétaire; la banque crée simultanément la monnaie (le montant qu'elle inscrit au compte du ménage) et la contrepartie (le contrat de crédit qu'elle fait signer au ménage).

Quel que soit l'exemple, on retiendra ceci:

La création de monnaie consiste toujours en la transformation de créances sur les agents non bancaires (créances sur l'étranger, crédits à l'économie, créances sur le Trésor public) en moyens de paiement immédiatement utilisables pour effectuer des règlements. Ces différentes créances constituent les « contreparties de la masse monétaire ».

2. Les besoins des banques en « monnaie banque centrale »

Cependant, le pouvoir de création monétaire par les banques n'est pas sans limite. En effet, les agents décident de faire circuler une partie de la monnaie qu'ils détiennent non pas sous forme ***scripturale*** (par jeu d'écritures de compte à compte: virement, chèque, carte de paiement…), mais sous forme ***fiduciaire*** (les billets). À chaque fois qu'une banque crée de la monnaie, elle doit s'attendre à ce que les agents retirent sous forme de billets une fraction des dépôts ainsi créés (environ 10 % des dépôts en France, par exemple). Or, les banques ne fabriquent pas les billets dont le monopole d'émission est confié à la banque centrale; elles se procurent les billets réclamés par leur clients en procédant à des retraits sur les comptes qu'elles détiennent à la banque centrale et qui servent, notamment, à effectuer les règlements entre banques. Une banque ne peut donc créer de la monnaie que si elle dispose d'avoirs en ***monnaie banque centrale***, c'est-à-dire d'un stock de billets dans ses coffres et d'un compte créditeur à la banque centrale.

Comment les banques peuvent-elles alimenter leur compte à la banque centrale ? Une banque particulière peut bénéficier de virements d'une autre banque ; cela se produit par exemple pour BNP-Paribas si les clients du Crédit Lyonnais émettent des chèques au profit de clients de BNP-Paribas pour un montant supérieur à celui des chèques que les clients de BNP-Paribas ont émis au profit des clients du Crédit Lyonnais. Mais, pris dans son ensemble, le système bancaire ne peut alimenter les comptes ouverts auprès de la banque centrale que si cette dernière accepte de ***refinancer*** une partie des créances détenues par les banques (les contreparties de la masse monétaire), c'est-à-dire de reprendre à son compte certaines de ces créances et de créditer en contrepartie le compte des banques.

Quand une banque particulière a un besoin en monnaie banque centrale qui dépasse ses avoirs, elle peut emprunter ces avoirs à la banque centrale ou bien à d'autres banques qui ont des comptes créditeurs à la banque centrale. Les échanges de liquidités entre banques et l'essentiel des refinancements accordés par la banque centrale se font sur le ***marché monétaire***.

3. La base monétaire et le multiplicateur de crédit

Le système bancaire ne peut donc créer de la monnaie que s'il est assuré de pouvoir se procurer la monnaie banque centrale qui sera nécessaire pour faire face aux retraits en billets ; cette monnaie banque centrale constitue la ***base*** nécessaire de la création monétaire :

La base monétaire (ou encore la liquidité bancaire) comprend les avoirs des banques en compte à la banque centrale et les billets détenus par les banques.

Plus cette base monétaire est importante, plus la création monétaire peut être développée. Imaginons, par exemple, une banque qui dispose d'une réserve initiale en monnaie banque centrale (un compte créditeur à la banque centrale ou un stock de billets) $R_0 = 100$. Elle peut prêter cette somme sans crainte, puisqu'elle pourrait faire face aux retraits de billets même si ces derniers atteignaient 100 % des dépôts. Si elle prête 100, elle crée 100 de monnaie supplémentaire en créditant le compte d'un ou plusieurs agents. Si le taux de retrait de billet est $r = 20\,\%$, la banque doit s'attendre à des retraits à concurrence de 20, et conserver ces 20 en réserve. Mais il lui reste une réserve disponible en monnaie banque centrale, égale à 80, qui ne sera jamais retirée en billets et qu'elle peut à nouveau prêter. Il peut s'ensuivre une série d'opérations de crédit ; à chaque vague de crédit, de nouveaux dépôts sont créés, une partie de ces nouveaux dépôts sort de la banque en billets (ce qui réduit ses avoirs en monnaie banque centrale), mais la réserve qui reste disponible peut alimenter une nouvelle vague de crédit selon le schéma suivant :

	CRÉDIT INITIAL		RETRAIT DE BILLETS		RÉSERVE DE BILLETS		NOUVEAU CRÉDIT
1re vague :	100	→	20	et	80	→	80
2e vague :	80	→	16	et	64	→	64
3e vague :	64	→	12,8	et	51,2	→	51,2
… etc.							

Au total, dans cet exemple, la monnaie créée sera égale à 500. En effet, pour créer 500 de monnaie, il faut bien détenir 100 de réserves en monnaie banque centrale pour faire face à 20 % de retraits en billets.

Plus généralement, on démontre que la monnaie créée (ΔM) est un multiple de la réserve initiale selon la relation suivante :

$$\Delta M = (1 / r) \,.\, R_0 \qquad \ldots(7)$$

où 1 / r mesure le ***multiplicateur de crédit*** (on vérifie que, dans notre exemple, le multiplicateur est égal à 5).

En conséquence, pour un multiplicateur donné, la capacité de création monétaire des banques dépend directement de leurs avoirs en monnaie banque centrale (la liquidité bancaire).

4. Le contrôle de la création de monnaie

En théorie donc, la banque centrale peut contrôler la création monétaire des banques en contrôlant la quantité de monnaie banque centrale qu'elles peuvent se procurer (la ***base*** monétaire) et le coût des opérations de refinancement (les taux d'intérêt). Concrètement, la banque centrale peut opérer ce contrôle de la liquidité bancaire à l'aide de plusieurs instruments : réescompte, interventions sur le marché monétaire interbancaire, *open-market*, réserves obligatoires. Notons toutefois que le réescompte a progressivement été abandonné (depuis les années 1970) au profit des autres instruments.

- Le **réescompte** est le refinancement d'une créance ***directement*** auprès de la banque centrale (sans passer par le marché monétaire) qui fixe les créances éligibles (on dit aussi ***mobilisables***) au réescompte, le volume du réescompte et le taux d'escompte.

- Les **interventions sur le marché monétaire** interbancaire consistent à prêter des liquidités banque centrale au jour le jour ou de façon irrégulière en fixant les quantités offertes et les taux d'intérêt demandés.
- Les **opérations d'*open-market*** consistent à offrir ou à demander des titres contre des liquidités banque centrale. La banque centrale intervient alors comme une banque ordinaire qui offre des liquidités (quand elle demande des titres) ou bien demande des liquidités (quand elle offre des titres).
- Les **réserves obligatoires** sont un pourcentage des dépôts – et parfois des crédits – que les banques doivent détenir dans un compte non rémunéré à la banque centrale. Elles permettent d'augmenter ou de diminuer leurs besoins en monnaie banque centrale.

Grâce à ces différents instruments, la banque centrale détermine ***la quantité*** de monnaie centrale que les banques peuvent obtenir (la base monétaire) et ***le coût*** de cette monnaie centrale. Indirectement, ces instruments doivent donc déterminer le comportement de création monétaire des banques auprès de leurs clients.

Lorsque les différents instruments présentés ci-dessus sont peu efficaces, les autorités peuvent intervenir par la réglementation directe du crédit bancaire (***encadrement du crédit***).

La question de savoir si la politique monétaire permet effectivement un contrôle précis de la quantité de monnaie en circulation est abordée dans le tome 3. Ici, nous retiendrons uniquement que, dans les modèles simples, l'analyse macroéconomique admet pour hypothèse que l'offre de monnaie est parfaitement contrôlée par les autorités monétaires ou le gouvernement. On dit que l'offre de monnaie (Mo) est ***exogène*** :

$$Mo = \overline{M} \qquad \ldots(8)$$

où la barre sur le M indique une quantité constante pour une politique économique donnée ; rien ne peut faire varier la quantité de monnaie, hormis une décision des autorités monétaires.

LES AGRÉGATS MONÉTAIRES DANS LA ZONE EURO

Les **agrégats monétaires** (M1, M2, M3) mesurent ***les moyens de paiement des agents non financiers et la fraction de leurs placements financiers qui peut être aisément et rapidement convertie en moyens de paiement sans risque de perte importante en capital.***

On les distingue des **agrégats de placement**, qui mesurent ***l'ensemble des actifs financiers dont la détention reflète une volonté d'épargne durable.***

■ M1

M1 correspond à la définition de la monnaie (ou masse monétaire) au sens le plus strict : ensemble des moyens de paiement immédiatement utilisables pour régler des transactions sur le territoire national.

M1 comprend les éléments suivants : ***billets*** émis par la banque centrale sur le territoire métropolitain et détenus par les agents non financiers ; ***monnaies divisionnaires*** (pièces de monnaie), qui, en France, sont émises par le Trésor et mises en circulation par la Banque de France ; ***dépôts à vue en euros mobilisables par chèque,*** gérés par les banques et établissements de crédit, le Trésor ou la Poste (CCP).

■ M2

M2 correspond à une définition plus large de la masse monétaire qui englobe la monnaie au sens strict (M1), les placements disponibles à vue qui peuvent sans risque et presque immédiatement être convertis en moyens de paiement (***livrets bancaires ordinaires ; livrets A et B des caisses d'épargne ; livrets bleus du Crédit Mutuel ; CODEVI ; livrets d'épargne populaire ; comptes d'épargne logement***) ; les dépôts à terme d'une durée initiale inférieure ou égale à deux ans.

■ M3

Cet agrégat élargit le concept de masse monétaire à des placements à terme éventuellement risqués (en titres boursiers ou en titres du marché monétaire) qui demeurent très liquides parce que facilement et rapidement négociables sur un marché.

M3 comprend les éléments suivants : ***M2 ; pensions (contrats de cession temporaire d'une valeur contre espèces avec obligation de rachat par le débiteur à un prix et une date fixés à l'avance) ; titres de créance de durée initiale inférieure ou égale à deux ans émis par des institutions financières monétaires (certificats de dépôts, bon à moyen terme négociables) ; titres et parts d'OPCVM*** (organismes de placement collectif en valeurs mobilières) gérant des portefeuilles de titres : SICAV (sociétés d'investissement à capital variable) et FCP (fonds communs de placement), sociétés d'investissement à capital fixe.

M3 constitue le principal objectif de la politique monétaire, qui doit suivre un agrégat reflétant au mieux la façon dont évoluent les moyens de paiement que les agents financiers sont susceptibles de mobiliser rapidement. La séparation entre les différents actifs financiers est longtemps restée relativement claire et stable dans les comportements d'épargne des agents non financiers. Mais, depuis les années 1980, la libération et le décloisonnement des marchés financiers, la multiplication des produits proposés au public (innovations financières), ont considérablement atténué la distinction entre, d'un côté, la monnaie et l'épargne liquide (comptes sur livrets), et, de l'autre, les placements sur les marchés financiers; les différentes formes de détention de la monnaie au sens strict et de placement financier sont, de fait, devenues aisément substituables entre elles. Cela contraint les autorités monétaires à surveiller un agrégat couvrant très largement l'ensemble des instruments financiers susceptibles de se convertir en moyens de paiement.

II. Le marché des changes : concepts et définitions

Les relations commerciales et financières entre des pays émettant des monnaies différentes rendent nécessaires des opérations de conversion entre ces monnaies. Ainsi, les offres et les demandes pour chacune des devises convertibles sont la conséquence naturelle des échanges de biens et services ou des mouvements de capitaux entre les nations. Elles se confrontent sur le marché des changes, qui est constitué par un réseau mondial de télécommunications entre les banques ou des intermédiaires spécialisés (les ***courtiers***). De cette confrontation permanente ressort le prix auquel, à un moment donné, une monnaie s'échange contre une autre : le ***taux de change***.

La ***variabilité*** des taux de change introduit pour chaque agent économique une ***incertitude*** quant à la valeur de ses créances et/ou de ses dettes libellées en monnaies étrangères, et accroît les risques associés à l'échange international. Comme nous le verrons, il existe des techniques de couverture contre le risque de change, mais elles ne vont pas sans coûts. Une forte volatilité des taux de change constitue donc, de façon logique, un frein au développement des échanges internationaux. Aussi importe-t-il, pour la politique économique, de bien identifier les ***facteurs déterminant l'évolution des taux de change***.

L'analyse économique a d'abord mis en évidence les facteurs « fondamentaux » qui agissent sur les flux d'échanges de biens et services et de capitaux, et déterminent ainsi les offres et les demandes de devises. Mais l'expérience de la flexibilité des changes au cours des années 1970-1990 a permis de constater que les variations des taux de change étaient souvent supérieures à ce que semblaient justifier les seuls facteurs « fondamentaux ». Cela a conduit à de nouvelles explications des taux de change, et en particulier à des analyses privilégiant le rôle des ***anticipations*** et de la ***spéculation*** sur le marché des changes.

A- Le marché des devises

1. Les acteurs du marché des changes

Tous les agents économiques effectuant des opérations avec des monnaies étrangères participent, directement ou indirectement, au fonctionnement du marché des changes. Ainsi, les ménages ont besoin de devises pour leurs déplacements à l'étranger, certaines entreprises demandent des devises pour régler leurs fournisseurs étrangers ou pour effectuer des placements financiers à l'extérieur, d'autres entreprises cherchent à convertir dans leur monnaie nationale les devises gagnées à l'exportation, etc. Cependant, dans la plupart des pays, seuls les ***banques*** et des intermédiaires spécialisés, les ***courtiers*** (ou *brokers*), interviennent directement sur le marché des changes. Ils servent d'intermédiaires pour tous les autres agents, dont ils centralisent les ordres d'achat et les ordres de vente avant de les exécuter sur le marché. Au sein des banques, un personnel spécialisé assure cette activité: les ***cambistes***. Les cambistes commencent par ***compenser*** entre elles les offres et les demandes de leur clientèle pour une même devise. Par exemple, si les offres de dollars sont supérieures aux demandes, la banque dispose d'une offre nette de dollars que le cambiste cherchera à placer au mieux sur le marché. Si les ordres de la clientèle se traduisent au contraire par une demande nette de dollars, le cambiste cherchera à se les procurer sur le marché.

Les ***banques centrales*** interviennent également sur le marché des changes pour réguler l'évolution des taux de change en agissant sur l'offre et la demande de leur monnaie nationale (*cf. infra*, section 3, B). Lorsque ces interventions ne suffisent pas à empêcher de trop fortes fluctuations des taux de change, les autorités monétaires peuvent intervenir plus directement en limitant et réglementant les opérations de leurs ressortissants sur les monnaies étrangères. On parle alors de ***contrôle des changes***.

2. Les opérations sur le marché des changes

Le marché des changes n'est pas un marché concrètement localisé dans un lieu particulier. Les transactions s'effectuent par téléphone, télex, ou par l'intermédiaire de réseaux d'information et de communication spécialisés (*Reuter*, *Télérate*) auxquels les banques sont abonnées. Il s'agit d'un marché mondial: un cambiste parisien suit en permanence sur ses écrans les cours pratiqués partout dans le monde, et il peut acheter du dollar aussi bien à Paris qu'à Tokyo ou New York, etc.

➜ Change manuel et change scriptural

Une fois conclues par télécommunications, les transactions ne donnent pratiquement jamais lieu à un échange physique des monnaies (échange de billets de banque, que l'on appelle aussi le « change ***manuel*** »). Le change manuel concerne surtout les besoins des particuliers pour leurs déplacements à l'étranger, et ne constitue qu'une part infime des échanges monétaires internationaux. L'essentiel du change est donc ***scriptural***: les transactions sont effectuées par virement entre comptes bancaires.

➜ La cotation

Le cours auquel s'échange une monnaie contre une autre évolue continuellement au gré des transactions librement négociées entre les courtiers ou cambistes qui interviennent sur le marché. Comme il existe à toute heure, quelque part sur la planète, des marchés ouverts, le cours évolue vingt-quatre heures sur vingt-quatre. Il y a donc une « cotation en continu ». Sur certaines places financières (Paris, Francfort, Milan), cette cotation en continu est complétée par une « cotation officielle ». Cette dernière reflète les cours auxquels s'échangent les devises à un moment de la journée sur une bourse des changes qui n'est ouverte que durant une heure environ. La cote officielle sert d'information et de garantie pour la clientèle des banques qui n'a pas accès au marché des changes.

➜ Opérations au comptant – Opérations à terme

▶ **Sur le marché au comptant**, la réalisation effective des transactions suit directement la conclusion du contrat d'échange (très précisément, les virements bancaires correspondants sont effectués dans les 48 heures) ; on y détermine le ***taux de change courant*** (*spot rate* dans la terminologie anglaise).

▶ **Sur le marché à terme**, on détermine les ***taux de change à terme*** (*forward rate*), c'est-à-dire le prix d'achat convenu aujourd'hui pour des devises qui seront livrées à une date ultérieure (*cf. infra*, C).

B– Les taux de change

1. Le taux de change nominal

Le taux de change nominal est le ***prix*** d'une unité monétaire ***exprimé dans une autre unité monétaire*** (la valeur de l'euro en dollars, du dollar en yens, etc.). Selon l'unité de compte retenue, il existe donc deux façons de mesurer ce prix. Par exemple, aux États-Unis, on peut dire que le dollar américain (USD) vaut 108,86 yens (JPY) ; mais, de façon équivalente, on pourra dire aussi que le yen vaut 0,009186 dollar. Dans la terminologie financière, ces deux façons de présenter la cote des changes s'appellent respectivement « ***cotation au certain*** » et « ***cotation à l'incertain*** ». Le choix entre ces deux approches est affaire de convention. Nous retiendrons ici la définition à l'incertain.

Le taux de change nominal (e) mesure le prix d'une monnaie étrangère (ou devise) en monnaie nationale.

Voici, par exemple, comment s'établissait le cours de quelques devises à la fin du mois de mars 2016 :

COTATION À L'INCERTAIN			COTATION AU CERTAIN		
1 CAD	=	0,6785 euro	1 euro	=	1,4738 CAD
1 DKK	=	0,1342 euro	1 euro	=	7,4512 DKK
1 JPY	=	0,0078 euro	1 euro	=	127,90 JPY
1 NOK	=	0,1062 euro	1 euro	=	9,4145 NOK
1 SEK	=	0,1084 euro	1 euro	=	9,2253 SEK
1 GBP	=	1,2634 euro	1 euro	=	0,7915 GBP
1 USD	=	0,8783 euro	1 euro	=	1,1385 USD

Symboles : CAD = dollar canadien, DKK = couronne danoise, JPY = yen, NOK = couronne norvégienne, SEK = couronne suédoise, GBP = livre sterling, USD = dollar américain.

Source : *Banque de France.*

La définition à l'incertain est retenue dans ce manuel pour deux raisons :

1°) elle est la plus fréquente dans l'analyse économique ;

2°) elle fait du taux de change un prix comme les autres : le prix qu'il faut payer en monnaie nationale pour obtenir les marchandises particulières que sont les devises étrangères.

Tout comme la hausse de n'importe quel prix déprécie la valeur réelle de la monnaie, la hausse du taux de change correspond à une dépréciation de la monnaie nationale:

Hausse de e = dépréciation de la monnaie nationale
(la valeur des devises étrangères augmente).
Baisse de e = appréciation de la monnaie nationale
(la valeur des devises étrangères diminue).

Le taux de change nominal permet de convertir un prix quelconque exprimé en monnaie étrangère (P*) en un prix exprimé en monnaie nationale: P = e . P*. Ainsi, si e = 0,8, une voiture qui vaut 10 000 dollars vaut: 0,8 · 10 000 = 8 000 euros.

2. Le taux de change réel

Toutes choses étant égales par ailleurs, une dépréciation de la monnaie nationale augmente les prix des produits étrangers exprimés en monnaie nationale et diminue les prix des produits français en monnaie étrangère. Si le dollar (USD) monte de 0,8 à 1 euro, une voiture américaine à 20 000 USD passe de 16 000 à 20 000 euros. En revanche, une voiture française à 16 000 euros qui se vendait 20 000 USD sur le marché américain voit son prix baisser à 16 000 USD (16 000 euros divisés par 1). Une dépréciation se traduit donc normalement par une ***amélioration de la compétitivité-prix*** des produits français par rapport aux produits étrangers. Une appréciation a les effets inverses: elle élève les prix des produits français à l'étranger et réduit les prix des produits étrangers en France; elle détériore la compétitivité-prix des produits nationaux.

Toutefois, cet effet sur la compétitivité n'est réel que dans l'hypothèse où les prix exprimés en monnaie nationale restent inchangés. Reprenons notre exemple ci-dessus: les acheteurs américains sont disposés à acheter la voiture française à 20 000 USD. Les exportateurs français, au lieu de laisser leur prix de vente inchangé à 16 000 euros, peuvent désormais le relever à 20 000 euros. En effet, après conversion au nouveau taux de change, le prix en dollars de cette voiture sera toujours de 20 000 USD (20 000 / 1). Dans ce cas, la dépréciation permet aux exportateurs français d'améliorer leurs marges, mais l'effet bénéfique du taux de change sur la compétitivité est complètement annulé par la hausse du prix en euros. De leur côté, les exportateurs américains sur le marché français peuvent décider de réduire leurs marges pour compenser la perte de compétitivité entraînée par la dépréciation de l'euro, et baisser le prix de leurs voitures à 16 000 USD, maintenant ainsi le prix en euros à 16 000 euros. Là encore, l'effet compétitivité de la variation du taux de change est annulé par une variation des prix.

Aussi, pour mesurer correctement l'incidence du taux de change sur la compétitivité, on utilise le concept de « taux de change réel » (e_r) qui tient compte de l'évolution possible des prix exprimés en monnaie nationale. Il est défini ainsi :

$$\text{Taux de change réel} = e_r = \frac{e \times P^*}{P} \qquad \ldots(1)$$

où P indique les prix des produits nationaux et P* les prix des produits à l'étranger.

Le taux de change réel exprime le prix relatif des produits étrangers par rapport aux produits nationaux (P*/P) exprimé en monnaie nationale.

Il s'agit bien d'un indicateur de compétitivité. Une hausse de e_r indique que les prix étrangers exprimés en monnaie nationale ($e \times P^*$) augmentent par rapport aux prix nationaux (P), la compétitivité nationale s'améliore. Inversement, une baisse de e_r indique une détérioration de la compétitivité. On note que la compétitivité peut se trouver améliorée à la suite de l'un ou plusieurs des trois phénomènes suivants : une hausse de e (dépréciation), une hausse des prix étrangers (P*), une baisse des prix nationaux (P).

3. Taux de change bilatéral et taux de change effectif

Le taux de change défini ci-dessus est un ***taux de change bilatéral***, c'est-à-dire indiquant le taux d'échange ***entre deux monnaies***. Pour une même monnaie, il existe autant de taux de change bilatéraux qu'il existe de devises étrangères convertibles dans cette monnaie. Pour suivre l'évolution de la valeur internationale d'une monnaie, il faut donc observer simultanément un grand nombre de taux de change. Aussi, il peut être plus commode d'étudier un indicateur synthétique, une ***moyenne***, de ces différents taux de change : le ***taux de change effectif***. Il est clair qu'une moyenne arithmétique simple ne convient pas à un tel indicateur. La dépréciation de l'euro par rapport au yen, par exemple, n'a pas la même incidence effective sur la valeur internationale de l'euro selon que le Japon représente 5 % ou 50 % des échanges commerciaux de l'Union européenne. Il faut donc ***pondérer*** chaque taux de change bilatéral de l'euro par le poids de chaque pays étranger dans le commerce extérieur total de l'Union européenne.

Le taux de change effectif d'une monnaie est une moyenne des taux de change bilatéraux de cette monnaie pondérée par le poids relatif de chaque pays étranger dans le commerce extérieur du pays considéré.

4. Le taux de change d'équilibre sur le marché des changes

Le taux de change est un prix de marché et, comme tout prix, il est établi par l'équilibre entre l'offre et la demande.

Sur la figure 1, nous représentons, par exemple, le marché des changes du dollar contre euro.

Le dollar a un prix en euros: le taux de change « e ». Plus ce prix est élevé, plus l'offre de dollars contre euros ($O_{\$/€}$) est importante. Inversement, la demande de dollars contre euros ($D_{\$/€}$) est une fonction décroissante du prix du dollar. Le taux de change fixé par le marché (e*) est celui pour lequel $O_{\$/€} = D_{\$/€}$.

Figure 1

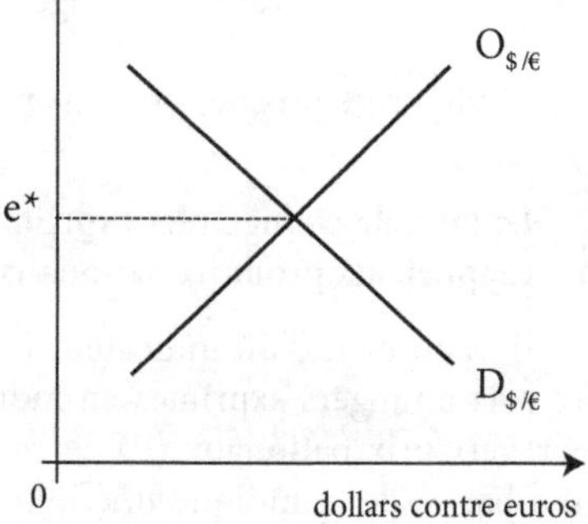

5. Arbitrage et cohérence des taux de change

La circulation extrêmement rapide de l'information sur les marchés financiers assure l'homogénéité des taux de change entre les différents marchés des changes. Par exemple, si le dollar vaut 1,00 € à Paris et 1,05 € à Francfort, les investisseurs procèdent à ce que l'on appelle des ***opérations d'arbitrage***: ils achètent des dollars à Paris pour les revendre à Francfort et tirer bénéfice de la divergence des taux entre les deux places financières. La demande supplémentaire de dollars fait monter le cours du dollar à Paris; l'offre supplémentaire de dollars le fait baisser à Francfort; le mouvement se poursuit jusqu'à la disparition du différentiel de taux de change. Seuls des écarts minimes peuvent subsister en raison des éventuels coûts de transaction associés aux opérations d'arbitrage.

L'arbitrage assure aussi ***la cohérence des taux de change croisés***: si le dollar (USD) vaut 1,00 € et la livre (£) 1,50 €, la livre doit valoir 1,5 USD. Imaginons que la livre vaille 1,55 et non 1,50 USD. Les trois taux de change sont incohérents et ne peuvent se maintenir en raison des ***arbitrages triangulaires*** qui vont alors s'opérer entre les trois monnaies. En effet, dans ce cas, avec 150 € par exemple, on peut acheter 100 £ et les revendre 155 USD (10 fois 1,55 USD) ; on revend alors les dollars 155 €. On réalise ainsi un profit garanti de 5 €. Dans cette situation, tout le monde veut acheter de la livre contre euro, vendre de la livre contre dollar et vendre du dollar contre euro. En conséquence, il se produit une appréciation de la £ / €, une dépréciation de la £ / $ et une dépréciation du $ / €, jusqu'à ce que les trois taux de change soient à nouveau cohérents.

6. Taux de change fixes et taux de change flexibles

– Dans un régime de ***taux de change parfaitement flexibles***, le taux de change est déterminé librement par l'équilibre entre l'offre et la demande sur le marché des changes. Il n'existe ni taux de change officiel, ni interventions des autorités monétaires pour influencer l'évolution du marché des changes. Il n'y a donc ***pas de politique de change***. On parle aussi, dans ce cas, d'un « régime de changes flottants ».
– Dans un régime de ***taux de change fixes***, le gouvernement détermine un taux de change officiel (la ***parité***) par rapport à un étalon reconnu par la communauté internationale, et s'engage à intervenir sur le marché des changes de façon à maintenir le taux de change au niveau officiel ou à l'intérieur de marges de fluctuation définies par le système monétaire international en vigueur. Dans ce régime, donc, les taux de change ne sont ***pas constants*** mais connaissent des ***fluctuations limitées*** autour d'une parité qui, elle, est censée demeurer stable.

Le système d'***étalon de change-or*** progressivement mis en place à la suite des accords de Bretton Woods (1944), et resté en vigueur jusqu'en 1973, est un exemple de régime de taux de change fixes. Chaque monnaie nationale est convertible en dollars, eux-mêmes convertibles en or. Les gouvernements déclarent un taux de change officiel de leur monnaie au Fonds monétaire international (FMI). Les autorités monétaires nationales doivent intervenir sur les marchés des changes si le taux de change de leur monnaie par rapport au dollar s'écarte de plus ou moins 1 % de la parité officielle. Les États-Unis sont dispensés d'intervenir pour défendre la valeur du dollar mais, en contrepartie, ils doivent garantir la convertibilité du dollar en or (*cf.* 3. B, figures 3a et 3b).

L'effondrement progressif du système d'étalon de change-or à partir de la fin des années 1960 a débouché, en 1973, sur un flottement généralisé des monnaies par rapport au dollar. Il s'agit cependant d'un flottement ***impur***, dans la mesure où les banques centrales continuent à surveiller leur taux de change par rapport au dollar et à intervenir sur le marché des changes pour corriger les fluctuations qu'elles estiment trop importantes.

Toutefois, à partir de 1973, les pays de l'Union européenne ont tenté de maintenir entre leurs monnaies un système de changes stables mais ajustables. Le ***Système monétaire européen (SME)***, mis en place en 1979, constitue un autre exemple du régime des taux de change fixes. Les monnaies des pays participant au système sont définies par un taux de change officiel (taux pivot) par rapport à une unité de compte commune, l'ECU. Les pays participants s'engagent à intervenir sur les marchés des changes de façon à limiter les fluctuations du taux de change de leur monnaie à 2,25 % en plus ou en moins par rapport au taux pivot. Ces interventions doivent commencer dès que le taux de change a atteint un « seuil de divergence » fixé à 75 % de la marge de fluctuation autorisée. En août 1993, les marges autorisées ont été élargies à plus ou moins 15 %. En janvier 1999, onze pays de l'Union ont adopté une monnaie commune, l'***euro*** (ils étaient dix-huit en 2014). Mais les mécanismes du SME fonctionnent encore pour des pays de l'Union qui conservent leur monnaie nationale.

Dans un régime de taux de change fixes, il arrive que les banques centrales ne soient plus en mesure de maintenir le taux de change à l'intérieur des marges de fluctuation autorisées. Les gouvernements procèdent alors à des modifications de la parité officielle de la monnaie : ***dévaluation*** ou ***réévaluation***.

La dévaluation ou la réévaluation sont des modifications du taux de change officiel qu'un gouvernement s'engage à maintenir à l'intérieur des marges de fluctuation autorisées dans un système de changes fixes.

On ne doit pas confondre dévaluation et réévaluation avec la ***dépréciation*** ou l'***appréciation***, qui désignent les mouvements effectifs du taux de change sur le marché des changes.

C– La couverture du risque de change

1. Le risque de change

Tout agent qui détient un montant d'une devise étrangère différent de celui qu'il doit à un autre agent encourt un risque de change. On dit que sa ***position de change*** est « ouverte ». Par exemple, dans trois mois, un importateur doit payer des marchandises facturées en dollars. Pendant trois mois, il a une dette en dollars dont le montant en euros est incertain car il ne sait pas quel sera le taux de change du dollar dans trois mois. Il encourt un ***risque de change*** : dans trois mois, il peut aussi bien enregistrer une perte (si le dollar s'apprécie) qu'un profit (si le dollar se déprécie). En revanche, si le même importateur doit bénéficier, dans trois mois, d'un règlement en dollars pour un montant équivalent à sa dette, sa position de change est « fermée » : il détient une créance et une dette équivalentes en dollars et ne court aucun risque de change. Si le dollar se déprécie, la valeur de sa dette et celle de sa créance diminueront dans les mêmes proportions.

Un agent qui veut se protéger contre le risque de change doit « fermer » sa position de change en égalisant ses avoirs et ses engagements dans une monnaie donnée. C'est l'attitude habituellement adoptée par les entreprises et les banques. Toutefois, certains agents se comportent en ***spéculateurs*** et conservent délibérément des positions de change ouvertes. La spéculation consiste à détenir des devises dans l'espoir de réaliser un gain de change à une date ultérieure. Un spéculateur vend les devises dont il anticipe une dépréciation et achète les devises dont il anticipe une appréciation. Il faut bien distinguer la ***spéculation*** des opérations d'***arbitrage***. L'arbitragiste maximise son profit à partir d'***informations connues*** (écart de taux de change ou de taux d'intérêt entre différentes places financières). Le spéculateur agit en fonction d'hypothèses sur des ***variables inconnues*** (exemple : le taux de change dans un mois). La spéculation joue un rôle nécessaire. Les agents qui veulent couvrir leur risque de change ne peuvent le faire que parce que d'autres, les spéculateurs, acceptent de supporter ce risque en échange d'un bénéfice aléatoire.

Le marché des changes offre différents moyens de couverture du risque de change. Nous évoquerons ci-dessous trois instruments majeurs : les ***achats et ventes à terme auprès des banques***, les ***marchés de contrats à terme*** (*futures* dans la terminologie anglaise) et les ***marchés d'options***.

2. L'achat de devises à terme

Reprenons l'exemple d'un importateur qui doit payer dans trois mois des marchandises facturées en dollars à un prix fixé aujourd'hui. Pour se couvrir contre le risque de change, l'importateur peut conclure avec une banque un contrat à terme fixant dès aujourd'hui le taux de change auquel il pourra acheter ses dollars à terme (dans trois mois). (Inversement, un exportateur qui doit livrer dans trois mois des marchandises facturées en dollars peut conclure un contrat à terme avec une banque pour fixer aujourd'hui le taux auquel il pourra vendre ses dollars dans trois mois.)

La banque, de son côté, ne va pas rester en position de change. Dans notre exemple, elle va acheter tout de suite les dollars et, durant trois mois, elle les place sur le marché financier international. Au terme du contrat, elle récupère ses dollars et les vend à l'importateur au taux de change convenu au départ. Pour acheter les dollars au comptant, la banque doit, durant trois mois, emprunter ou immobiliser une somme en euros, dont le coût d'opportunité est le taux d'intérêt versé sur les placements en euros à trois mois. En contrepartie, elle perçoit le taux d'intérêt versé sur les placements en dollars. Mais si le taux sur le dollar (i^*) est inférieur au taux d'intérêt en France (i), l'opération est déficitaire pour la banque ; en compensation, elle va donc faire payer les dollars demandés à terme plus cher qu'elle ne les achète au comptant ; elle reporte le coût de l'opération sur son client : le taux de change à terme est supérieur au taux de change courant (on dit qu'il est en ***report***). En revanche, si i* est supérieur à i, l'opération de couverture de change est bénéficiaire et la concurrence entre banques contraint ces dernières à reporter tout ou partie de ce bénéfice au profit du client importateur : le taux de change à terme est inférieur au taux courant (on dit qu'il est en ***déport***).

La différence éventuelle entre le taux de change courant et le taux de change à terme d'une devise est donc fonction de l'écart entre le taux d'intérêt national (i) et le taux d'intérêt international sur la devise concernée (i*).

3. La vente de devises à terme

Un exportateur doit recevoir des dollars dans trois mois. Il vend ces dollars à terme à sa banque pour éviter le risque de change. La banque emprunte tout de suite les dollars, les vend au comptant pour assurer le cours et éviter de rester en position de change, et place les euros ainsi obtenus. Au terme des trois mois, la banque rembourse son emprunt en dollars avec les dollars livrés par l'exportateur. Pendant trois mois, la banque perçoit donc des intérêts sur les euros placés (i) et verse des intérêts sur les dollars empruntés (i*). Là encore, si $i^* > i$, elle fera payer l'écart à son client en majorant le taux de change à terme ; inversement, si $i > i^*$, elle reportera son bénéfice sur le client en minorant le taux de change à terme.

4. La relation formelle entre taux de change courant et taux de change à terme

Si une banque emprunte ou immobilise une somme E (en euros) durant une période quelconque, la valeur qu'elle devra rembourser ou qu'elle aura immobilisée sera, au terme de cette période, égale à : $E\,(1 + i)$, où i mesure le taux d'intérêt sur un placement en euros pour une durée correspondant à la période considérée.

Si la banque utilise la somme E pour acheter des dollars, elle obtient E / e dollars (exemple : si e = 0,8, avec 1 000 € on obtient 1 000 / 0,8 USD, soit 1 250 USD). Elle place ensuite ces E / e dollars sur le marché américain au taux i* et récupère à terme une somme en dollars égale à :

$$\frac{E}{e}(1+i^*).$$

Pour se couvrir contre le risque associé aux fluctuations du dollar, la banque revend dès aujourd'hui ses dollars à terme. Si e_t est le taux de change du dollar au terme de la période considérée, la banque récupère à terme une somme en euros égale à :

$$\frac{E}{e} \times e_t \times (1 + i^*),$$

Le coût de la somme E en euros empruntée ou immobilisée et la rentabilité du placement en dollars sur le marché américain sont donc équivalents si :

$$E\,(1+i) = \frac{E}{e} e_t\,(1 + i^*),$$

ou encore si : $e_t = e\,\dfrac{(1+i)}{(1+i^*)}$ ...(2)

On a donc trois cas de figure envisageables :

1°) $i = i^*$. Le coût d'opportunité financier de la couverture du risque de change est nul et la banque fait payer les dollars à terme le prix qu'elle paye pour les acheter au comptant : et = e (on dit qu'il y a ***parité*** du taux de change à terme et du taux de change courant).

2°) $i > i^*$. Dans ce cas, et > e (le taux à terme cote un ***report***). L'achat de devises à terme fait perdre l'avantage d'un placement en euros mieux rémunéré que les placements en dollars. La banque fait payer les devises à terme plus cher qu'au comptant.

3°) $i < i^*$. Dans ce cas, et < e (le taux à terme cote un ***déport***). L'achat de devises à terme permet un placement en devises mieux rémunéré que les placements en euros. La banque fait payer les devises à terme moins cher qu'au comptant.

5. Les marchés de contrats à terme *(futures)*

Les opérations à terme que nous venons de décrire ne se déroulent pas sur un marché organisé mais par un accord libre entre deux parties. La volatilité des taux de change associée à l'effondrement du régime des changes fixes a accru les besoins de couverture du risque de change. Cela a conduit, dans les années 1970, à développer des marchés organisés de contrats à terme sur devises. Sur différentes places financières, les principaux intermédiaires financiers s'associent pour constituer un marché où sont échangés des contrats standardisés : pour chaque devise est établi le montant unique que l'on peut acheter ou vendre, ainsi que l'échéance (le plus souvent une date fixe tous les trois mois). À l'inverse de ce qui se passe dans les opérations traditionnelles auprès des banques, où la résiliation d'un contrat n'est pas possible ou relativement coûteuse, un agent peut à tout moment changer sa position sur le marché des *futures* simplement en concluant un nouveau contrat en sens inverse. En effet, le fait de rassembler en un même lieu un très grand nombre d'agents qui négocient des contrats standards permet d'acheter ou de vendre rapidement n'importe quel montant.

Prenons un exemple. Une banque européenne détient un portefeuille d'actions américaines et veut se protéger contre les fluctuations de ce capital associées à la variation du dollar par rapport à l'euro. Elle achète un certain nombre de contrats en euros sur le marché des *futures*, pour un montant équivalent à celui de son portefeuille. Si le dollar se déprécie, la dévalorisation du portefeuille d'actions est compensée par l'appréciation de ces contrats en euros : la banque peut revendre ces euros à un cours au comptant supérieur au cours d'achat à terme. Si le dollar s'apprécie par rapport à l'euro, la banque subit une perte sur ces contrats en euros, mais qui est compensée par la plus-value enregistrée sur le portefeuille d'actions américaines.

6. Les marchés d'options

La technique des options a d'abord été développée sur les marchés financiers, et peut en théorie s'appliquer à n'importe quel type d'actif.

Une option est un droit d'acheter ou de vendre à une date donnée et à un cours fixé à l'avance une certaine quantité d'un actif ; à l'échéance, l'acheteur de l'option peut exécuter le contrat ou non ; en contrepartie de cette liberté, il paye une prime qui rémunère le vendeur de l'option pour le risque encouru.

Sur les marchés d'options sur devises, on peut donc acheter une option d'achat, appelée un *call*, ou bien une option de vente, appelée un *put*. L'achat d'un *call* donne le droit (et non l'obligation) d'acheter à l'échéance du contrat (trois mois par exemple) une certaine quantité de devises à un cours fixé aujourd'hui. De façon symétrique, l'achat d'un *put* donne le droit de vendre à l'échéance du contrat une certaine quantité de devises à un cours fixé aujourd'hui.

La technique de l'option élargit encore les possibilités de l'acheteur par rapport aux achats fermes à terme auprès des banques ou sur les marchés de contrats à terme. Elle offre la même couverture du risque de change mais laisse l'opérateur ***libre de ne pas exécuter le contrat*** si, d'aventure, le risque redouté ne s'est pas réalisé.

Par exemple, si un agent craint une perte de change sur les dollars qu'il détient ou qu'il doit recevoir à terme, il peut acheter un *put* lui offrant la possibilité de vendre à terme ses dollars à un cours verrouillé aujourd'hui. À l'échéance, si le dollar s'est effectivement déprécié, l'agent exerce son option et vend comme prévu ses dollars au cours convenu. Mais si, au lieu de cela, le dollar s'est apprécié et dépasse le cours convenu par le contrat, l'acheteur du *put* n'est pas obligé de céder ses dollars à ce cours et peut tirer profit de l'appréciation du taux de change au comptant. Le seul coût de l'opération est la prime versée au vendeur de l'option.

De son côté, le vendeur de l'option peut se trouver à l'échéance dans deux cas de figure. Si l'acheteur n'exerce pas son option, le vendeur réalise un profit équivalent à la prime payée lors de la conclusion du contrat. Si l'acheteur exerce son option, cela suppose qu'il y trouve un avantage : le dollar s'est déprécié et il préfère vendre au cours plus avantageux prévu par son option de vente. Dans ce cas, le vendeur de l'option est obligé d'acheter les dollars à un cours supérieur au taux de change courant. Il réalise donc une perte de change qui peut éventuellement être très supérieure à la prime qu'il a touchée au départ. La vente d'options est donc une activité à haut risque. Mais le développement de cette activité est la preuve qu'elle est en fin de compte profitable. Le marché ne peut fonctionner que dans la mesure où, face aux agents qui cherchent à se couvrir contre les risques de change, il existe des agents (les vendeurs d'options) qui acceptent de supporter ces risques en vue de réaliser un profit.

On peut se demander comment les acheteurs d'options de vente trouvent encore des vendeurs quand les anticipations sur une devise sont majoritairement pessimistes. À cela on répondra, d'une part, qu'au-delà d'un horizon de quelques heures, les anticipations ne peuvent pas être toutes orientées dans le même sens : le taux de change dans un mois, et, *a fortiori*, dans trois mois, reste fondamentalement incertain parce que personne ne peut savoir à l'avance à quel niveau s'établiront l'ensemble des paramètres susceptibles de l'influencer ; et, d'autre part, que si les anticipations sont majoritairement pessimistes, les vendeurs d'options reporteront les pertes de change anticipées dans le montant de la prime demandée. La prime est un prix de marché qui reflète, à un moment donné, toutes les anticipations des intervenants, compte tenu de l'information disponible. Les vendeurs d'options sont donc déjà couverts pour les variations anticipées du taux de change. Le vrai risque est associé aux pertes que personne n'est actuellement en mesure de prévoir. Assumer ce genre de risque peut parfois conduire à la faillite, mais certains agents sont toujours disposés à le faire parce que cela peut aussi conduire à la fortune.

La grande souplesse des options explique qu'elles se soient développées plus rapidement encore que les précédentes techniques de couverture de change.

III. Le marché des changes : les facteurs déterminant les taux de change

Les facteurs déterminant les taux de change et la balance des paiements sont les mêmes. Il n'existe qu'une différence de point de vue, et non de fond, entre ce qui suit et l'analyse économique de la balance des paiements qui sera développée dans le chapitre suivant. Tout facteur contribuant à une entrée nette de devises (un excédent de la balance globale) entraîne une demande nette de la monnaie nationale contre devises et donc une appréciation du taux de change. Inversement, tout facteur contribuant à une sortie nette de devises (un déficit de la balance globale) implique une demande nette de devises contre euros et donc une appréciation des devises et une dépréciation de la monnaie nationale. Ci-dessous, nous examinons donc les facteurs qui influencent l'équilibre des paiements extérieurs mais en nous intéressant exclusivement à leur impact sur le taux de change. Nous raisonnons implicitement comme si les taux de change étaient flexibles, mais l'analyse reste juste même si les taux de change sont fixes. Dans ce dernier cas en effet, notre analyse décrit simplement la tendance spontanée des taux de change, que la politique de change cherchera éventuellement à corriger mais à laquelle elle ne pourra pas indéfiniment s'opposer.

Puisque c'est finalement le solde des échanges de biens, de services, de revenus et de capitaux d'un pays avec l'étranger qui détermine les échanges de monnaie nationale contre les monnaies étrangères, il paraît naturel d'expliquer les taux de change par l'ensemble des facteurs qui conditionnent les différents flux d'échanges entre le pays et le reste du monde. On met ainsi à jour ce que l'on appelle les « *facteurs fondamentaux* » de détermination du taux de change. Nous verrons cependant que ces seuls facteurs ne suffisent pas toujours à expliquer les taux de change, en particulier dans le court terme, et qu'il convient de tenir compte aussi de *facteurs psychologiques et politiques*.

A– Les facteurs « fondamentaux »

1. Les échanges de biens et services

Il s'agit du facteur le plus évident. Les achats à l'étranger entraînent le plus souvent des besoins en devises étrangères tandis que, à l'inverse, les ventes à l'étranger procurent des devises. Un déficit des échanges extérieurs se traduit donc par une demande nette de devises, qui tend à augmenter le prix de ces dernières sur le marché des changes et donc à déprécier la monnaie nationale (e augmente). Inversement, un excédent amène une offre nette de devises sur le marché des changes, ou encore une demande nette pour la monnaie nationale, qui tend à s'apprécier.

À travers les échanges de biens et services, ce sont finalement les niveaux d'activité domestique (Y) et étranger (Y*) qui agissent sur le taux de change. En effet, les exportations sont une fonction croissante de Y*, et les importations, une fonction croissante de Y ; la balance commerciale (X – M) est donc fonction, toutes choses étant égales par ailleurs, de l'écart entre le revenu réel étranger et le revenu réel intérieur (Y* – Y). Si la croissance étrangère est plus forte que la croissance domestique, l'écart (Y* – Y) s'accroît et peut engendrer une progression des exportations plus forte que celle des importations et le développement d'un excédent des transactions courantes qui, à son tour, tend à apprécier la monnaie nationale sur le marché des changes. Inversement, une croissance domestique plus rapide que la croissance à l'étranger peut favoriser un déficit et une dépréciation de la monnaie nationale.

2. La parité absolue des pouvoirs d'achat

La théorie de la parité des pouvoirs d'achat voit dans les mouvements des prix relatifs des biens domestiques et étrangers le facteur déterminant essentiel du taux de change. Cette théorie comporte une ***variante absolue*** qui explique le ***niveau*** du taux de change, et une ***variante relative*** qui explique les ***variations*** du taux de change.

La version ***absolue*** de la théorie part de la ***loi du prix unique*** qui prévaut sur un marché international concurrentiel, sans obstacles à l'échange, sans coûts de transport ou de transaction. Si un même bien est disponible en Europe et aux États-Unis, en raison de la concurrence et des arbitrages des agents rationnels, son prix en Europe (p) doit être identique à son prix aux États-Unis (p*) après conversion par le taux de change (e).
« e » étant la valeur d'un dollar en euros, on a donc : $p = ep^*$, ou encore :

$$e_t = e\,\frac{p}{p^*} \qquad \ldots(3)$$

Que se passe-t-il si le prix européen est supérieur au prix américain, c'est-à-dire si $p > ep^*$? Alors, personne n'achète en Europe et tout le monde achète aux États-Unis. Dans ce cas, ou bien le prix européen sera contraint par la concurrence à s'aligner sur le prix américain, ou bien la demande de dollars par les Européens qui veulent acheter aux États-Unis élèvera le taux de change (e) jusqu'à ce que le prix en euros soit identique dans les deux pays. Une même unité monétaire ne peut avoir un pouvoir d'achat différent dans deux pays, parce que tous les achats seront effectués dans le pays où le pouvoir d'achat est le plus élevé. Si les agents sont rationnels, s'ils considèrent les biens nationaux et étrangers comme parfaitement substituables, si les échanges sont libres et s'il n'y a pas de coûts de transport ou de transaction, la parité des pouvoirs d'achat est inéluctable.

Si la loi du prix unique s'applique à tous les biens et services, on peut remplacer le prix d'un bien particulier (p et p*) par le niveau général des prix (P et P*), et on obtient :

$$e = \frac{P}{P^*} \qquad \ldots(4)$$

Ainsi, le taux de change bilatéral entre les deux monnaies est déterminé par le rapport du niveau général des prix dans les deux pays.

Notons que si l'on est en régime de taux de change fixes, un déséquilibre comme celui que nous venons de présenter en exemple ne peut être corrigé que par des variations des prix en Europe et aux États-Unis. Mais si les prix ne sont pas parfaitement flexibles, la demande de la monnaie associée aux prix les plus faibles continuera d'augmenter, exerçant ainsi une pression continue sur un taux de change que les pouvoirs publics ne seront pas indéfiniment capables de maintenir.

Cet exemple permet de comprendre le lien entre flexibilité des prix et système de change dans la pensée libérale. Pour les néoclassiques, qui raisonnaient dans un modèle à prix parfaitement flexibles, des taux de change fixes sont efficaces. Tout déséquilibre des échanges internationaux sera en effet résorbé par une modification du prix des biens et services. En maintenant le taux de change fixe et en empêchant que la parité des pouvoirs d'achat entre deux pays soit rétablie par une simple variation du taux de change, on stimule même la concurrence (et ses bienfaits) : la parité des pouvoirs d'achat ne peut être rétablie que par une modification des prix relatifs, conformément à la loi de l'offre et de la demande.

En revanche, les monétaristes et la plupart des économistes libéraux au XXe siècle, tiennent compte de ce que, dans l'économie réelle, les prix ne sont pas parfaitement flexibles à court terme. Dans ce contexte, ils prônent généralement un système de taux de change flexibles, en sorte que l'équilibre des échanges puisse être assuré par des modifications instantanées du taux de change. Un taux de change parfaitement flexible garantit en effet la loi du prix unique même si les prix sont rigides; la flexibilité des changes compense au plan international les rigidités qui empêchent les lois de la concurrence de jouer pleinement au plan national.

3. La parité relative des pouvoirs d'achat

La variante ***relative*** de cette théorie met en relation la ***variation*** du taux de change et la ***variation*** des prix (l'inflation). Elle établit que le pourcentage de variation du taux de change est déterminé par l'écart entre le taux d'inflation interne et le taux d'inflation à l'étranger. Une inflation supérieure à l'inflation étrangère déprécie le taux de change ; une inflation inférieure apprécie le taux de change.

Si les prix sont multipliés par deux en Europe et restent inchangés aux États-Unis, le déplacement de la demande vers les États-Unis entraîne une augmentation du prix du dollar (hausse de e) et une augmentation des prix américains jusqu'à ce que ces derniers, une fois convertis en euros, soient à leur tour multipliés par deux.

Généralisons cet exemple de parité relative des pouvoirs d'achat. Une présentation usuelle des pourcentages de variation consiste à indiquer le nom de la variable surmonté d'un point. Nous désignons donc par $\dot{P}$. le taux d'inflation en Europe et par $\dot{P}^*$ le taux d'inflation à l'étranger, au cours d'une période quelconque. Durant cette période, les prix (en euros) sont donc multipliés par $1 + \dot{P}$ en Europe et les prix (en monnaie étrangère) par $1 + \dot{P}^*$ à l'étranger. Exprimés en euros, les prix à l'étranger ont été multipliés par $(1 + \dot{P}^*) \times (1 + \dot{e})$. La parité des pouvoirs d'achat suppose que les prix exprimés en euros aient été multipliés par le même coefficient en Europe et à l'étranger. Il faut donc que : $(1 + \dot{P}) = (1 + \dot{P}^*)$. $(1 + \dot{e})$, ou encore que :

$$(1 + \dot{e}) = \frac{(1+\dot{P})}{(1+\dot{P}^*)} \qquad \ldots(5)$$

Exemple : le taux d'inflation annuel est de 4 % en Europe et de 3 % aux États-Unis ; les prix sont multipliés par 1,04 en Europe et par 1,03 aux États-Unis ; le taux de change est multiplié par 1,0097 (1,04 / 1,03) ; autrement dit, le taux de change de l'euro en dollar augmente (se déprécie) de 0,97 %, soit à peu près 1 %. On constate que, pour des petites variations des prix, le pourcentage de variation du taux de change est approximativement la simple différence entre les taux d'inflation national et étranger :

$$0{,}97\,\% \approx 1\,\% = 4\,\% - 3\,\%.$$

Pour cette raison, et pour alléger la présentation des équations, on formule souvent la relation (5) sous la forme approximative :

$$\dot{e} = \dot{P} - \dot{P}^* \qquad \ldots(6)$$

Remarque sur les différences en pourcentage :

D'une façon générale, dans ce manuel, nous continuerons à utiliser de simples différences pour mesurer les différentiels d'inflation ou d'intérêt. Cette convention de présentation ne change en effet rien à l'analyse théorique. Cependant, il ne faut pas oublier qu'il s'agit d'une approximation. En toute rigueur, les variations de différentes variables ne peuvent pas se cumuler ou se soustraire par addition ou soustraction des pourcentages de variation mais par multiplication ou division de leur coefficient de variation (*cf.* chapitre 5, section 2). La convention retenue ici doit donc être abandonnée à chaque fois que l'on quitte l'analyse théorique pour passer au calcul économique.

4. Interprétation monétariste de la parité des pouvoirs d'achat

Pour les monétaristes, conformément à la théorie quantitative de la monnaie, les variations du niveau général des prix sont déterminées par celles de la masse monétaire.

Reprenons l'identité retenue dans le tome 3 pour décrire la théorie quantitative :

$$MV = PY_{pe}$$

où
- M = offre nominale de monnaie (masse monétaire),
- V = vitesse de circulation de la monnaie,
- P = niveau général des prix,
- Y_{pe} = revenu réel de plein-emploi.

Y est supposé maintenu au plein-emploi grâce à la flexibilité parfaite des prix sur les marchés de facteurs ; V reflète des comportement stables de demande de monnaie et peut être considérée comme constante. Sous ces hypothèses, seules des variations de M peuvent entraîner des variations de P. Autrement dit :

$$\dot{P} = \dot{M} \text{ et } \dot{P}^* = \dot{M}^*$$

où $\dot{P}^*$ et $\dot{M}^*$ représentent respectivement le taux d'inflation et le taux de croissance de la masse monétaire à l'étranger. Ainsi, on peut dire que le différentiel d'inflation avec le reste du monde reflète simplement le différentiel de croissance des masses monétaires :

$$\dot{P} - \dot{P}^* = \dot{M} - \dot{M}^*$$

On peut alors réécrire l'équation (6) qui exprimait ci-dessus la parité relative des pouvoirs d'achat :

$$\dot{e} = \dot{P} - \dot{P}^{*} = \dot{M} - \dot{M}^{*} \qquad \ldots(7)$$

Dans l'optique monétariste, des divergences entre politique monétaire nationale et politiques monétaires étrangères apparaissent ainsi comme un déterminant direct des variations du taux de change.

D'un point de vue empirique, la théorie de la parité des pouvoirs d'achat suppose des conditions de départ trop irréalistes pour décrire correctement l'évolution effective des taux de change à court terme. Les nombreux tests empiriques réalisés sur cette question indiquent que les écarts d'inflation contribuent davantage à l'évolution des taux de change à moyen et long terme.

5. La parité des taux d'intérêt

La loi du prix unique appliquée aux marchés financiers fonde l'idée de parité des taux d'intérêt. Si les marchés de capitaux sont parfaitement concurrentiels et les capitaux parfaitement mobiles d'un pays à l'autre, la parité des rendements des placements financiers entre les différents pays devrait être vérifiée en permanence. Il n'y a aucune raison pour que des agents rationnels acceptent de placer des fonds présentant une même échéance (durée du placement) et un même degré de risque pour un taux de rendement différent. Lorsqu'il se produit, du fait notamment de politiques monétaires divergentes, des écarts de taux d'intérêt entre les pays, des mouvements de capitaux devraient intervenir et se poursuivre tant que la parité des taux de rendement, après conversion au taux de change courant, n'est pas rétablie. Par exemple, une hausse des taux américains (i^*) par rapport aux taux européens (i) attire les capitaux européens vers les États-Unis. Les investisseurs européens achètent donc des dollars au comptant pour les placer aux États-Unis. La demande supplémentaire de dollars entraîne une appréciation de la devise américaine (une hausse de e correspondant à une dépréciation de l'euro). Inversement, un taux d'intérêt européen supérieur au taux américain attire des capitaux en dollars vers l'Europe. Il en résulte une forte demande d'euro / USD et le taux de change de l'euro s'apprécie (e diminue).

Notons que si la politique monétaire reste neutre dans les zones concernées, une partie de l'ajustement peut se faire par les taux d'intérêt. Par exemple, une hausse de i^* (sur le dollar) attire des capitaux européens aux États-Unis ; la demande de dollars apprécie la monnaie américaine et déprécie l'euro ; mais l'entrée de capitaux augmente l'offre de monnaie et donc abaisse le taux d'intérêt aux États-Unis ; inversement, la sortie de capitaux réduit l'offre de monnaie et augmente le taux d'intérêt en Europe; le différentiel d'intérêt se trouve ainsi spontanément réduit et la variation du taux de change est en conséquence plus faible.

Un écart durable entre les différents taux d'intérêt est possible s'il existe des restrictions à la mobilité des capitaux (contrôle des changes et des placements à l'étranger, imparfaite substituabilité des instruments financiers nationaux et étrangers). En l'absence d'obstacles à la mobilité des capitaux, un différentiel d'intérêt n'est possible que si les agents anticipent une variation du taux de change qui compense exactement ce différentiel. Si l'on désigne par « ê » le pourcentage de variation anticipé du taux de change, la parité des taux d'intérêt suppose que:

$$i - i^* + ê = 0 \text{ ou encore que : } ê = i^* - i.$$

1°) i^* peut être supérieur à i, et donc $(i^* - i) > 0$, si les agents anticipent une appréciation de la monnaie étrangère ($ê > 0$) équivalente; dans ce cas, le coût d'achat plus élevé de la monnaie étrangère compense le taux d'intérêt plus élevé des placements à l'étranger.

2°) i peut rester supérieur à i^*, et donc $(i^* - i) < 0$, si les investisseurs anticipent une appréciation de la monnaie nationale ($ê < 0$) qui annule l'avantage des placements nationaux.

Tant que les agents s'attendent à une rémunération différente, après correction liée à la variation anticipée du taux de change, il se produit des entrées ou sorties de capitaux qui modifient le taux de change.

6. Taux de change à court terme et taux de change d'équilibre à long terme

La part des différents facteurs fondamentaux dans la détermination des taux de change a longtemps été conçue ainsi: les taux d'intérêt constituent le principal facteur à court terme; la balance des transactions courantes agit également à court et moyen terme; la parité des pouvoirs d'achat n'agit que dans le long terme. Il y a des raisons à cela: la mobilité des capitaux à court terme est beaucoup plus forte que celle des biens et services; les gestionnaires de portefeuille réagissent en permanence aux fluctuations des taux d'intérêt dans le monde, tandis que les flux d'échanges commerciaux s'adaptent lentement aux changements de prix relatifs. Mais dans le long terme, une fois que les taux de rendement des différents actifs se sont alignés dans le monde et que les flux d'échange se sont ajustés, il ne reste plus qu'un seul facteur déterminant les fluctuations du taux de change: les écarts des taux d'inflation. Ainsi, beaucoup d'auteurs considèrent le taux de change d'équilibre de long terme comme celui qui corrige les différences d'inflation, et expliquent les fluctuations de court terme par les taux d'intérêt.

Toutefois, l'abandon du régime des changes fixes dans les années 1970 a conduit à une forte volatilité des taux de change, souvent supérieure à celle que semblaient justifier les facteurs fondamentaux. L'instabilité des taux de change a suscité de nouvelles analyses et ravive l'intérêt pour la régulation du marché des changes par les autorités monétaires.

B- Anticipations, spéculation et régulation des taux de change

1. La « surréaction » des taux de change

La théorie de la surréaction (*overshooting* en anglais), développée par Rudiger Dornbush, part de la vision traditionnelle évoquée ci-dessus : le taux de change d'équilibre à long terme est déterminé par la parité des pouvoirs d'achat, mais, dans le court terme, le taux de change réagit aux différentiels de taux d'intérêt. À cette vision traditionnelle, Dornbush adjoint une hypothèse cruciale : les marchés financiers s'ajustent plus rapidement que les autres. Cette hypothèse s'appuie directement sur la réalité. Les marchés financiers sont organisés commes des bourses qui rassemblent en un même lieu ou dans un même réseau de communication tous les offreurs et tous les demandeurs d'un actif. Ils sont animés par des professionnels à la recherche permanente des meilleurs placements. L'information sur les transactions effectuées et sur les opportunités disponibles y circule extrêmement rapidement. La masse des capitaux à court terme susceptibles de se déplacer rapidement à travers le monde est considérable. Tout cela explique que les cours des actifs (parmi lesquels les monnaies) s'ajustent très rapidement aux nouvelles informations, tandis que les marchés de biens et services (ou le marché du travail) ne s'adaptent que progressivement : on déplace plus aisément un milliard d'euros qu'une usine. Cette différence entre la vitesse d'ajustement des marchés financiers et celle des autres marchés peut entraîner une variation du taux de change à court terme supérieure à ce qui serait nécessaire pour l'adapter à son niveau d'équilibre de long terme.

Prenons un exemple avec la figure 2, page suivante. On part d'un taux de change quelconque au niveau e_1. Une expansion de la masse monétaire intervient à la date t_1. Toutes choses étant égales par ailleurs, cela augmente le taux d'inflation. Les exportations sont pénalisées et les importations stimulées. Le déficit des transactions courantes déprécie le taux de change jusqu'à ce que soit rétablie la parité des pouvoirs d'achat avec les devises étrangères. Le nouveau taux de change d'équilibre de long terme est e_2 (rappelons qu'une hausse de e signifie une dépréciation). La figure 2-a montre ce qui se produit si la vitesse de réaction des prix et des échanges sur les marchés de biens et services est infinie. Dès que la masse monétaire augmente, les prix augmentent dans les mêmes proportions. La valeur réelle des encaisses (M / P) reste donc inchangée. Si l'offre réelle de monnaie est constante, le taux d'intérêt réel ne change pas. Il ne se produit donc aucun mouvement de capitaux susceptible de modifier l'équilibre du marché des changes. Le seul mouvement nécessaire du taux de change est celui qui rétablit la parité des pouvoirs d'achat, et l'on atteint immédiatement le nouvel équilibre.

Figure 2-a **Figure 2-b**

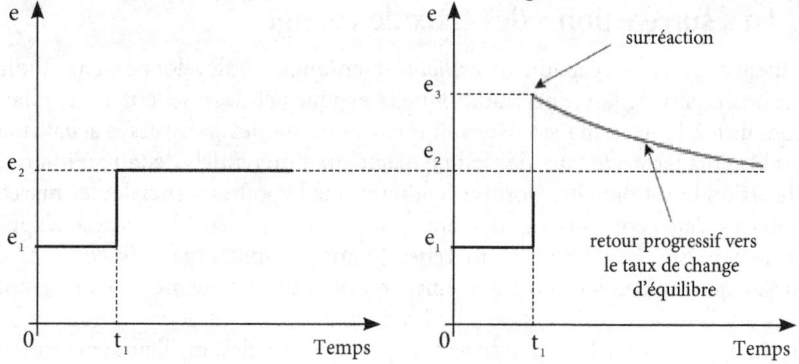

La figure 2-b montre ce qui se produit si les marchés financiers réagissent à l'expansion monétaire plus vite que les autres marchés. Sur le marché des biens et services, les prix n'augmentent pas instantanément. À court terme, l'expansion de la masse monétaire correspond donc à une augmentation de l'offre réelle de monnaie. Sur le marché monétaire (qui réagit très rapidement), l'élévation de l'offre fait baisser le taux d'intérêt. La baisse du taux d'intérêt provoque des sorties de capitaux vers l'étranger, ce qui déprécie immédiatement le taux de change. Désormais, on a deux causes de dépréciation du taux de change : l'inflation, qui justifierait une dépréciation jusqu'en e_2, et la fuite des capitaux vers l'extérieur. En conséquence, le taux de change se déprécie davantage, par exemple jusqu'en e_3. À court terme, le taux de change « surréagit » par rapport à ce qui serait nécessaire pour rétablir le taux de change d'équilibre à long terme. À long terme cependant, il va progressivement revenir vers e_2. En effet, la dépréciation initiale de la monnaie étant plus rapide que l'inflation, les prix intérieurs exprimés en monnaie étrangère ont diminué et les prix étrangers exprimés en monnaie nationale ont augmenté. Cela stimule les exportations et freine les importations; la balance des transactions courantes s'améliore et le taux de change s'apprécie progressivement. Le mouvement se poursuit jusqu'à ce que la parité des pouvoirs d'achat soit rétablie avec un taux de change en e_2.

Nous pourrions tenir le même raisonnement en sens inverse: une restriction de l'offre de monnaie fait monter le taux d'intérêt et entraîne une appréciation de la monnaie plus importante que celle qui serait nécessaire pour compenser la baisse des prix intérieurs. La surréaction du taux de change vient de la lenteur d'ajustement des marchés de biens, mais aussi de l'incapacité des agents à anticiper correctement le taux de change à long terme. En effet, si les opérateurs du marché des changes savaient que le taux de change d'équilibre est e2, le taux de change à court terme ne pourrait pas monter jusqu'en e3. À ce prix en effet, tout le monde sait que la monnaie est sous-évaluée et va s'apprécier; tout le monde demande donc la monnaie nationale qui, en conséquence, s'apprécie immédiatement jusqu'au taux d'équilibre de long terme. L'incertitude des opérateurs sur le nouveau taux de change de long terme les contraint à raisonner à court terme et rend leurs comportements plus instables. Ainsi, les comportements spéculatifs et les anticipations peuvent jouer un rôle déterminant dans la formation du taux de change à court terme.

2. La spéculation et les « bulles spéculatives »

Les anticipations des spéculateurs peuvent parfois rester sans effet sur le taux de change: par exemple, certains s'attendent à une dépréciation et vendent une monnaie tandis que d'autres jouent l'appréciation et achètent cette monnaie; si les deux mouvements se compensent, il n'y a pas d'effet net sur la demande de cette monnaie sur le marché des changes.

Mais les anticipations des spéculateurs peuvent aussi être auto-réalisatrices. Quand une majorité d'agents s'attend à la dépréciation d'une monnaie et la vend sur le marché des changes, la dépréciation se produit effectivement. Une monnaie peut donc s'apprécier ou se déprécier non seulement en raison de l'évolution effective des transactions courantes, des taux d'intérêt et de l'inflation, mais aussi simplement parce que les détenteurs de capitaux pensent que la monnaie va se déprécier.

Les spéculateurs connaissent les facteurs fondamentaux qui déterminent les taux de change mais savent aussi que les seules anticipations des autres spéculateurs peuvent modifier les taux de change. Les choix d'offre et de demande de chaque intervenant sur le marché des changes peuvent donc ne plus refléter son opinion sur l'évolution des facteurs fondamentaux mais l'idée qu'il se fait de l'opinion des autres intervenants. Un spéculateur peut continuer à jouer dans un sens même s'il est convaincu que les facteurs fondamentaux ne justifient plus une variation du taux de change, simplement parce qu'il pense que les autres spéculateurs vont continuer de jouer dans ce sens. Si un nombre suffisant d'agents adopte le même comportement, le taux de change peut varier bien au-delà de ce qui serait nécessaire pour atteindre son nouveau point d'équilibre. Il se constitue ainsi ce qu'on appelle une « bulle spéculative ».

Une bulle spéculative est un écart entre la valeur effective et la valeur d'équilibre d'une variable, provoqué par les anticipations des agents intervenant sur le marché.

Les bulles spéculatives sont parfaitement rationnelles en ce sens que les opérateurs du marché des changes ne font que traiter au mieux l'information disponible. Ils n'ont pas d'informations sur les anticipations des autres opérateurs et sont bien obligés de supposer que les ordres d'achat ou de vente qu'ils constatent reflètent ces anticipations. C'est ainsi que tout le monde peut être amené à faire la même chose simplement parce que quelqu'un a commencé !

Bien entendu, au fur et à mesure que la bulle spéculative enfle, de plus en plus de spéculateurs pensent que la tendance va se retourner. Mais chacun d'entre eux n'inverse pas son comportement avant d'être certain que tous les autres pensent la même chose. L'écart entre le taux de change effectif et le taux de change d'équilibre doit donc se creuser encore jusqu'à ce que chacun soit convaincu que tous les autres s'attendent à un retournement de tendance. Quand on en est là, il suffit que quelqu'un commence à inverser le sens de ses opérations pour que tous lui emboîtent le pas. La « bulle » éclate donc brusquement. La probabilité d'un « éclatement » de la bulle est donc d'autant plus forte que la bulle est importante, mais il est impossible de prévoir le moment précis auquel il se produira. La spéculation apparaît ainsi comme une activité à haut risque qui peut entraîner des variations importantes et imprévisibles des taux de change, sans rapport avec les mouvements qui seraient nécessaires pour rapprocher ces derniers de leur niveau d'équilibre.

3. La régulation par les banques centrales

L'instabilité potentielle des taux de change explique que, même en régime de changes flexibles, les autorités monétaires surveillent les taux de change et interviennent souvent pour les stabiliser. En régime de changes fixes, en outre, les banques centrales sont ***tenues*** d'intervenir pour maintenir leur taux de change à l'intérieur de marges définies par des accords internationaux. Les figures 3-a et 3-b illustrent le mécanisme de ces interventions.

Prenons par exemple une situation voisine de celle qui prévalait durant l'application des accords de Bretton Woods (signés en 1944 et effectivement appliqués de 1945 à 1971). Les autorités monétaires des différentes nations s'engagent à intervenir sur le marché des changes pour stabiliser le taux de change de leur monnaie par rapport au dollar. Les États-Unis, eux, ne sont pas tenus d'intervenir, mais, en contrepartie, ils assurent la convertibilité du dollar en or. Prenons, donc, un exemple. Le taux de change officiel est e = 5 (1 USD = 5 FRF) ; une marge de fluctuation tolérée de 1 % en plus ou en moins permet au taux de change de fluctuer librement entre une valeur supérieure maximum de 5,05 et une valeur inférieure minimum de 4,95. Tant que l'équilibre spontané de l'offre et de la demande détermine un prix compris entre ces deux valeurs, les autorités monétaires ne sont pas tenues d'intervenir.

Figure 3-a

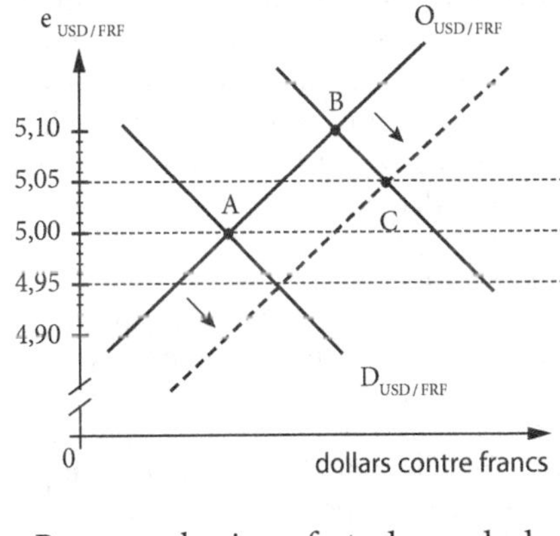

Figure 3-b

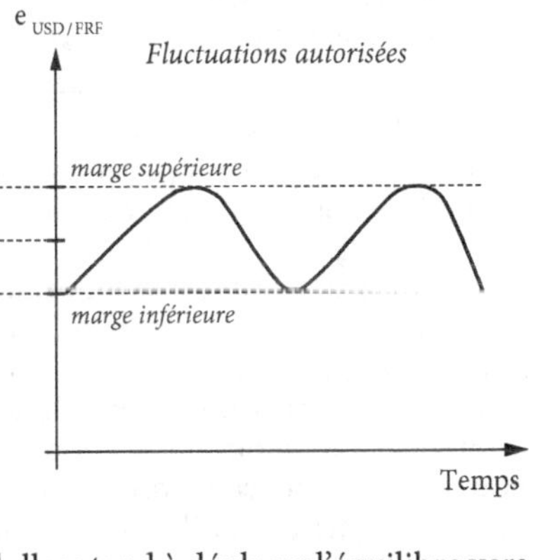

Par exemple, si une forte demande de dollars tend à déplacer l'équilibre vers le point B, l'appréciation du dollar (la dépréciation du franc) est trop importante. La Banque de France doit intervenir pour maintenir le taux de change à l'intérieur des marges de fluctuation autorisées. Elle augmente donc l'offre de dollars contre francs de façon à limiter la hausse du taux de change du dollar (elle vend des dollars contre des francs). Ce déplacement de l'offre doit être au moins suffisant pour ramener l'équilibre au point C.

Inversement, dans le cas d'une dépréciation trop rapide du dollar (en dessous de 4,95), la Banque de France doit augmenter la demande de dollars (acheter des dollars contre des francs) pour limiter la chute du dollar.

4. Dévaluation et réévaluation

Dans un régime de changes fixes, les autorités monétaires peuvent rencontrer des difficultés à maintenir le taux de change à l'intérieur des marges de fluctuation autorisées.

→ Cas de dépréciation de la monnaie nationale

Dans le cas d'une dépréciation, la banque centrale doit disposer de réserves de change (c'est-à-dire d'un stock de devises convertibles acceptées sur les marchés des changes) de façon à pouvoir acheter sa propre monnaie tant que la tendance à une trop forte dépréciation se poursuit. Or les réserves de change ne sont pas inépuisables. Une banque centrale peut, certes, emprunter des devises, par exemple à d'autres banques centrales, pour compléter des réserves de change insuffisantes. Mais ces emprunts devront être remboursés en devises, ce qui, à terme, renforce la contrainte de constitution des réserves de change. On le voit, la banque centrale ne peut limiter un mouvement de dépréciation que s'il est relativement conjoncturel; si les facteurs fondamentaux qui déterminent l'évolution du taux de change jouent durablement dans le sens d'une dépréciation, il peut devenir impossible de défendre le taux de change officiel. Le gouvernement doit alors reconnaître que le taux de change officiel est devenu irréaliste et procéder à une dévaluation, c'est-à-dire augmenter le taux de change officiel à un niveau que les autorités monétaires pensent être en mesure de défendre.

→ Cas d'appréciation de la monnaie nationale

Dans le cas d'une appréciation de la monnaie nationale, la banque centrale doit vendre sa propre monnaie contre les devises qui ont tendance à se déprécier trop fortement. La banque centrale accumule donc des réserves de change. La contrainte paraît moins forte que dans le cas d'une dépréciation puisque la banque centrale utilise sa propre monnaie qu'elle peut émettre à volonté pour acheter des devises sur le marché des changes. Cependant, en acceptant de satisfaire la forte demande de monnaie nationale sur le marché des changes, elle augmente la masse monétaire en circulation; elle transforme les devises détenues par les agents, c'est-à-dire des créances sur l'étranger, en moyens de paiement utilisables sur le territoire national. Cette expansion de la masse monétaire sans contrepartie directe en matière de production de biens et services peut alimenter un déséquilibre inflationniste entre l'offre et la demande. La lutte contre une appréciation trop forte de la monnaie peut donc entrer en contradiction avec le nécessaire contrôle de la masse monétaire. Si les facteurs fondamentaux de détermination des taux de change jouent de façon durable dans le sens d'une appréciation, les autorités peuvent donc souhaiter stopper ce mouvement en procédant à une réévaluation, c'est-à-dire à une diminution du taux de change officiel afin de dispenser la banque centrale de poursuivre ses achats de devises pour freiner l'appréciation de sa monnaie.

Ainsi, même en régime de changes fixes, les facteurs fondamentaux finissent par orienter le taux de change dans le même sens qu'en régime de changes flexibles. À moyen et long terme, le taux de change n'est stable, quel que soit le régime de change, que si les facteurs fondamentaux impliquent la stabilité. À la limite, deux pays qui ont le même taux de croissance, le même taux d'inflation, les mêmes taux d'intérêt, et une balance des transactions courantes équilibrée en permanence auront probablement un taux de change fixe, même dans un régime de changes parfaitement flexibles, sans intervention des banques centrales. À l'inverse, si la croissance, l'inflation et les taux d'intérêt divergent constamment dans les deux pays, le taux de change sera régulièrement modifié, même en régime de changes fixes.

Le paradoxe du régime des changes fixes est de vouloir établir entre des pays différents des conditions qui ne peuvent être pleinement réalisées que dans un seul et même pays ou dans une fédération de pays dont les économies sont totalement intégrées. Un tel système ne peut subsister que si les différents États acceptent délibérément de réduire leur marge de manœuvre interne pour intégrer dans leurs comportements les contraintes associées à la stabilité des taux de change.

chapitre 7

La balance des paiements et l'équilibre extérieur

La balance des paiements est ***un compte*** qui retrace tous les paiements effectués entre les agents résidents et les agents non résidents. Un paiement qui se traduit par une ***entrée de devises*** est inscrit ***au crédit*** (une exportation de marchandises, une subvention versée par un État étranger, un investissement d'une entreprise étrangère sur le territoire national, un achat d'actions ou d'obligations effectué par un étranger sur le marché financier national, etc.). Inversement, les opérations qui entraînent une ***sortie de devises*** vers l'extérieur sont inscrites ***au débit*** de la balance des paiements (importations, transferts et mouvements de capitaux vers l'étranger). La différence entre les crédits et les débits donne le ***solde*** de la balance des paiements.

Nous nous intéresserons ici à l'interprétation économique de la balance des paiements et non à sa présentation statistique. Nous analyserons ensuite comment une balance des paiements déséquilibrée peut éventuellement retourner vers l'équilibre, soit spontanément, soit à l'aide d'une variation du taux de change.

I. L'analyse économique de la balance des paiements

A– Présentation économique de la balance des paiements

Du point de vue de l'analyse économique, on distingue trois composantes principales dans les paiements extérieurs :
- les ***transactions courantes***,
- les ***mouvements de capitaux non monétaires***,
- la ***variation des réserves de change***.

1. La balance des transactions courantes (BTC)

Les ***transactions courantes*** comprennent toutes les opérations liées directement ou indirectement à l'échange international des biens et des services: importations et exportations de biens et services, revenus des facteurs de production, transferts unilatéraux des agents privés ou des administrations. Par la suite, nous désignerons le solde de la ***balance des transactions courantes*** par BTC.

BTC est dit en équilibre quand les entrées et les sorties se compensent, c'est-à-dire quand BTC = 0. L'équilibre de BTC signifie que le pays peut financer ses importations de biens et services à l'aide des exportations et des revenus nets reçus du reste du monde. Un ***déficit*** des transactions courantes implique donc un ***endettement extérieur*** de la nation: on ne peut payer les importations à l'aide des recettes d'exportation et des revenus reçus du reste du monde; une partie de ces importations est donc financée par des emprunts en devises. En revanche, un ***excédent*** des transactions courantes implique une ***augmentation des créances sur l'étranger***, ou un ***désendettement extérieur*** de la nation: le montant des devises gagnées dans l'échange international dépasse celui des devises dépensées; cet excédent peut être conservé en devises, placé à l'étranger ou employé au remboursement de la dette extérieure passée.

2. La balance des mouvements de capitaux non monétaires (BCA)

Les ***mouvements de capitaux*** non monétaires comprennent les placements financiers à long terme (achats de valeurs mobilières en vue d'un placement durable), les investissements directs à l'étranger (achats ou développement d'entreprises) et les placements financiers à court terme du secteur privé non bancaire. Ci-dessous nous désignerons le solde de la balance des mouvements de capitaux non monétaires par BCA, et, pour alléger le texte, nous parlerons le plus souvent de ***balance des capitaux***.

BCA > 0 implique une entrée nette de capitaux et BCA < 0 correspond à une sortie nette de capitaux. Si BCA = 0, la balance des capitaux est dite en équilibre. Notons que l'on exclut ici les mouvements de capitaux à court terme du secteur bancaire et du secteur officiel (Trésor public et banque centrale), ces mouvements constituant ce que nous appelons ci-dessous la ***variation des réserves de change***.

La raison théorique de cette distinction tient à l'incidence de ces mouvements sur la création monétaire. En effet, quand un agent privé non bancaire reçoit des devises à la suite d'une opération quelconque, cela n'a pas d'incidence sur la masse monétaire nationale. En revanche, si cet agent cède ses devises à une banque ou au Trésor public (qui éventuellement les céderont à leur tour à la banque centrale), ces derniers peuvent créer de la monnaie scripturale pour assurer la conversion des devises cédées : ils augmentent alors la masse monétaire. Aussi qualifie-t-on de « non monétaires » les mouvements de capitaux à court terme du secteur privé non bancaire, pour bien les distinguer de la variation des avoirs monétaires extérieurs du secteur officiel et du secteur bancaire qui, eux, ont une incidence sur la masse monétaire.

3. La balance des paiements globale

La balance des paiements globale est simplement la somme des deux composantes précédentes :

Balance des paiements globale = BTC + BCA

BTC peut présenter un solde positif (être ***excédentaire***) si les exportations et les transferts reçus du reste du monde sont plus importants que les importations et les transferts versés au reste du monde. Dans le cas inverse, elle est déficitaire. De même, BCA peut être excédentaire ou déficitaire selon que les entrées de capitaux sont supérieures ou inférieures aux sorties de capitaux.

Les soldes de BTC et de BCA peuvent éventuellement se compenser. Par exemple, un déficit des transactions courantes peut être financé par des emprunts de devises à l'étranger qui constituent une entrée de capitaux. Un excédent de la balance des capitaux peut donc compenser un déficit de BTC, et la balance globale se trouve équilibrée. Inversement, un excédent de BTC qui implique une entrée nette de devises dans le pays peut être utilisé pour effectuer des placements à l'étranger qui représentent une sortie de capitaux. Un excédent de BTC peut éventuellement être compensé par un déficit de BCA et la balance globale reste équilibrée.

4. La variation des réserves de change

Si la balance globale (BTC + BCA) est excédentaire, cela signifie que la résultante des échanges, des transferts et des mouvements de capitaux est une entrée nette de devises dans le pays. Ces devises se retrouvent dans les réserves de change détenues par les banques ou par la banque centrale : un solde positif de la balance globale entraîne une augmentation d'un montant équivalent des réserves de change privées ou publiques. Inversement, un déficit de la balance globale implique une sortie nette de devises et donc une diminution des réserves de change pour un montant équivalent. La variation des réserves de change du pays est donc égale au solde de la balance globale. Si l'on désigne la variation des réserves de change par ΔRES, on peut écrire :

$$\Delta RES \equiv BTC + BCA \qquad \ldots(1)$$

(On rappelle que le symbole ≡ signifie « identiquement égal à ».)

B– Les facteurs déterminant la balance des paiements

Du point de vue de la macroéconomie, la balance des paiements peut se résumer dans les trois composantes de l'identité (1) :

$$\Delta RES \equiv BTC + BCA \qquad \ldots(1)$$

Nous allons donc préciser les facteurs qui déterminent chacune de ces composantes. Signalons au passage que dans l'évolution de la pensée économique, trois approches différentes et complémentaires ont mis plus spécialement l'accent sur l'une de ces composantes : ***l'approche par l'absorption*** (accent mis sur BTC), ***l'approche par les mouvements de capitaux*** (accent mis sur BCA), ***l'approche monétaire*** (accent mis sur ΔRES).

1. Les facteurs déterminant la balance des transactions courantes (BTC)

Commençons par décomposer la balance des transactions courantes de façon comptable. On sait (cf. chapitre 4, section 1, C) que :

$$BTC \equiv X - M + Rn_{RDM} \qquad \ldots(2)$$

où X = exportations de biens et services,
M = importations de biens et services,
Rn_{RDM} = revenus nets reçus du reste du monde. (Pour simplifier l'exposé, nous avons regroupé dans Rn_{RDM} les transferts unilatéraux et les revenus du travail et du capital. Il s'agit du ***solde*** des échanges de revenus, c'est-à-dire ***les revenus reçus moins les revenus versés***.)

Une première façon d'expliquer l'évolution de BTC consiste donc à émettre des hypothèses sur les facteurs qui déterminent chacune de ses composantes, X, M et Rn_{RDM}.

Dans le chapitre 4, nous avions considéré X comme exogène. Nous pouvons à présent expliciter davantage les variables déterminant le niveau des exportations. X représente la demande étrangère de produits nationaux. La demande étrangère dépend en premier lieu du niveau d'activité et du revenu réel à l'étranger. Nous faisons donc l'hypothèse que X est une fonction croissante du revenu réel du reste du monde (que nous désignons par Y*). Par ailleurs, les acheteurs étrangers doivent comparer les prix des produits exportés vers leur pays à leurs prix domestiques. Les exportations d'un pays dépendent donc également du prix relatif des produits nationaux et des produits étrangers, c'est-à-dire du taux de change réel défini plus haut. Plus précisément, nous faisons l'hypothèse que X est une fonction croissante de e_r (on rappelle que $e_r = e \cdot P^* / P$). Rappelons aussi qu'une hausse de e_r correspond à une hausse du prix relatif produits étrangers / produits nationaux, c'est-à-dire à une amélioration de la compétitivité-prix des produits nationaux qui doit stimuler les exportations.

Au total, les exportations dépendent donc du revenu réel du reste du monde, et du taux de change réel :

$$X = X(e_r, Y^*) \qquad \ldots(3)$$

Par la suite, nous utiliserons une forme linéaire de cette relation :

$$X = x_1 e_r + x_2 Y^*, \text{ avec } x_1 > 0 \text{ et } x_2 > 0 \qquad \ldots(4)$$

où x_1 et x_2 peuvent s'interpréter, respectivement, comme des indicateurs d'élasticité-prix et d'élasticité-revenu des exportations.

De façon symétrique, il est raisonnable de penser que les importations sont une fonction croissante du revenu réel intérieur (Y). Si le niveau d'activité intérieur s'élève, la demande intérieure est plus forte ; une partie de cette demande intérieure étant satisfaite par des produits étrangers, les importations augmentent. Par ailleurs, les importations sont d'autant plus faibles (ou fortes) que le prix relatif des produits étrangers est élevé (ou faible). M est donc une fonction décroissante du taux de change réel. Au total, les importations dépendent donc du revenu réel intérieur et du taux de change réel :

$$M = M(e_r, Y) \qquad \ldots(5)$$

Par la suite, nous utiliserons une forme linéaire de cette relation :

$$M = m_1 e_r + m_2 Y, \text{ avec } m_1 < 0 \text{ et } m_2 > 0 \qquad \ldots(6)$$

où m_1 et m_2 peuvent s'interpréter, respectivement, comme des indicateurs d'élasticité-prix et d'élasticité-revenu des importations.

2. La balance des transactions courantes et l'équilibre interne

Une autre façon, complémentaire, d'analyser BTC, consiste à examiner son rôle dans l'équilibre macroéconomique interne entre production, dépense et revenu.

Nous repartons de l'analyse comptable développée dans le chapitre 4.

L'équilibre comptable des opérations sur biens et services implique :

$$Y \equiv C + I + G + X - M \qquad ...(7)$$

où Y = produit intérieur brut réel,
C = consommation finale,
I = investissement privé,
G = dépenses publiques.

Par ailleurs, dans une économie fermée, la totalité du revenu national vient du produit intérieur : $Y \equiv R$. Dans une économie ouverte, le revenu national est égal au produit réel plus les revenus nets reçus du reste du monde :

$$R \equiv Y + Rn_{RDM}$$

d'où :

$$Y \equiv R - Rn_{RDM} \qquad ...(8)$$

En combinant les identités (8) et (7), on obtient :

$$R - Rn_{RDM} \equiv C + I + G + X - M,$$

ce qui donne :

$$R \equiv C + I + G + X - M + Rn_{RDM} \qquad ...(9)$$

L'***absorption*** (A) se définit comme la partie du revenu national qui est consacrée à (absorbée par) la dépense intérieure :

$$A \equiv C + I + G \qquad ...(10)$$

En tenant compte de la définition de BTC (équation [2]), on peut donc réécrire l'identité (9) :

$$R \equiv A + BTC,$$

ou encore :

$$BTC \equiv R - A \qquad ...(11)$$

La balance des transactions courantes correspond à l'écart entre le revenu national et la dépense intérieure :
- un excédent des transactions courantes ($BTC > 0$) signifie que la totalité du revenu national n'est pas absorbée par la dépense intérieure ($A < R$) ;
- un déficit des transactions courantes ($BTC < 0$) signifie que la dépense intérieure est supérieure au revenu national ($A > R$).

Cette approche a le mérite de mettre en évidence l'interaction entre l'équilibre externe et l'équilibre interne du marché des biens et services.

On comprend qu'un pays qui dépense moins que son revenu dégage une épargne qu'il peut utiliser à l'étranger et accumule ainsi des créances sur l'étranger. Un ***excédent de BTC*** est donc une épargne nationale positive, une ***capacité de financement***. À l'inverse, un pays qui a une dépense supérieure à son revenu est obligé de s'endetter auprès de l'étranger. Un ***déficit de BTC*** est donc un ***besoin de financement*** de la nation; il signifie que le pays utilise la capacité de financement (l'épargne) du reste du monde pour dépenser plus que son revenu. Cet aspect financier du solde de la balance des transactions courantes peut être mis en évidence en explicitant l'origine de l'écart entre revenu national et dépense intérieure. Décomposons la différence R – A (partie droite de l'identité [11]) :

$$BTC \equiv R - A \equiv R - (C + I + G) \equiv R - C - I - G \qquad \ldots(12)$$

Par ailleurs, le revenu national comprend, par définition, la consommation privée (C), l'épargne privée (S), et les impôts nets des subventions (Tn) :

$$R \equiv C + S + Tn \qquad \ldots(13)$$

En combinant (12) et (13), on obtient:

$$BTC \equiv R - A \equiv C + S + Tn - C - I - G$$

C et – C s'annulent et, en réarrangeant les différents termes, on a:

$$BTC \equiv (S - I) + (Tn - G) \qquad \ldots(14)$$

(Les parenthèses ne sont pas obligatoires et ne servent qu'à isoler visuellement les éléments.)

Cette présentation offre un nouvel éclairage sur la signification d'un déficit ou d'un excédent des transactions courantes. Un déficit (BTC < 0), par exemple, correspond à un excédent de l'investissement privé sur l'épargne privée ([S – I] < 0) et/ou à un déficit budgétaire des administrations publiques ([Tn – G] < 0). L'excès de dépenses (ou l'insuffisance d'épargne) correspondant au déficit extérieur provient donc des choix privés et de la politique budgétaire. ***Toutes choses étant égales par ailleurs***, une politique budgétaire expansionniste (déficit budgétaire) entraîne un déficit de la balance des transactions courantes; inversement, une politique restrictive (excédent budgétaire) amène un excédent de BTC.

3. Approche par les mouvements de capitaux (BCA)

Dans une économie fermée, les détenteurs de capitaux ont le choix entre la thésaurisation, des investissements directs dans des activités de production ou des biens immobiliers, et des placements financiers. Comme nous l'avons déjà montré dans le chapitre 4, le comportement d'utilisation des capitaux est généralement analysé comme une fonction des taux d'intérêt. Les détenteurs de capitaux arbitrent en permanence entre les différents emplois disponibles en comparant leur rentabilité. Des taux d'intérêt élevés augmentent la rentabilité des placements financiers par rapport aux autres emplois possibles des capitaux, et notamment l'investissement.

Dans une économie ouverte, les agents rationnels tiennent également compte des opportunités de placement offertes dans le reste du monde. Si le taux d'intérêt au Japon (i) est inférieur au taux d'intérêt étranger (i*), les agents sont incités à réduire leurs placements au Japon au profit de placements à l'étranger : il se produit une sortie nette de capitaux. Inversement, un taux d'intérêt japonais supérieur au taux d'intérêt extérieur induit des entrées nettes de capitaux.

La balance des capitaux, qui est la différence entre les entrées et les sorties de capitaux, est donc une fonction croissante de la différence (du ***différentiel***) de taux d'intérêt avec l'étranger.

$$BCA = f\,(i - i^*) \qquad \ldots(15)$$

On peut compléter cette formulation pour tenir compte de l'incidence des mouvements de capitaux sur le taux de change. Par exemple, imaginons un taux d'intérêt japonais supérieur au taux international ($i > i^*$). Cela provoque des entrées nettes de capitaux étrangers au Japon. Mais, pour effectuer des placements en yens, les capitaux étrangers doivent être convertis en yens ; les entrées de capitaux impliquent donc une demande excédentaire de yens sur le marché des changes. La demande de yens entraîne une appréciation du taux de change (e). Nous verrons plus bas que l'ampleur de cette appréciation dépend du degré de mobilité des capitaux et de la politique de change. Mais, quelle que soit son ampleur, l'appréciation du taux de change (baisse de e) réduit le gain des investisseurs étrangers qui veulent tirer profit du taux d'intérêt élevé au Japon : les placements sont mieux rémunérés au Japon qu'à l'étranger, mais pour effectuer ces placements, il faut acheter les yens plus cher qu'auparavant.

Les investisseurs rationnels s'attendent donc à une appréciation du taux de change quand le taux d'intérêt japonais augmente. Ils anticipent l'appréciation (la baisse de e) et corrigent le différentiel de taux d'intérêt pour mesurer ***l'avantage net*** des placements japonais compte tenu du renchérissement probable du yen. Nous désignons par ê le pourcentage de variation anticipé du taux de change. Dans ce cas les mouvements de capitaux dépendent du différentiel d'intérêt corrigé : ($i - i^* + \hat{e}$).

La fonction (15) devient :

$$BCA = f\,(i - i^* + \hat{e}) \qquad \ldots(16)$$

→ Remarque

Explication du signe + devant ê : un ê négatif (baisse anticipée de e) indique une appréciation anticipée du taux de change qui diminue la rentabilité des placements dans le pays ; il faut donc réduire d'autant la rentabilité anticipée ; si $\hat{e} < 0$, $+ \hat{e}$ est négatif, on corrige bien la rentabilité à la baisse.

Inversement, un ê positif (hausse anticipée de e) indique une dépréciation du taux de change qui augmente la rentabilité des placements étrangers dans le pays ; il faut donc majorer $(i - i^*)$; $+ \hat{e}$ est bien positif si $\hat{e} > 0$.

Dans le tome 3 (chap. 7), nous emploierons une formulation linéaire de la fonction (16) :

$$BCA = k\,(i - i^* + \hat{e}), \text{ avec } k > 0 \qquad \ldots(17)$$

où k est un coefficient positif qui peut être interprété comme un indicateur d'élasticité des mouvements de capitaux par rapport au différentiel d'intérêt.

4. Balance des paiements et création monétaire (ΔRES)

La dernière composante de la balance des paiements montre l'incidence du solde de l'ensemble des paiements extérieurs sur la création monétaire interne.

Nous avons montré précédemment (*cf.* chapitre 6, section 1) que la monnaie était créée par les banques qui, à la demande des agents non financiers, transforment en monnaie scripturale trois types de créances : créances sur le Trésor public, crédits à l'économie, créances sur l'étranger.

Les créances sur le Trésor et les crédits à l'économie constituent ensemble le ***crédit interne*** à la nation : nous le désignerons par CINT. Les créances sur l'étranger sont constituées par tous les moyens de paiement internationaux détenus par le système bancaire (y compris la banque centrale) ; il s'agit donc de ce que nous appelons ici les réserves de change (RES). La monnaie M a nécessairement pour contrepartie le crédit interne ou des créances sur l'étranger :

$$M \equiv CINT + RES \qquad \ldots(18)$$

Les variations de la masse monétaire ont donc toujours pour contrepartie une variation de même sens de CIN et / ou de RES :

$$\Delta M \equiv \Delta CINT + \Delta RES \qquad \ldots(19)$$

Cette approche monétaire permet de préciser l'une des différences entre changes fixes et changes flexibles. Nous avons montré qu'en régime de change fixes les réserves de change variaient en réaction aux mouvements des marchés des changes, alors qu'elles restent inchangées en régime de changes flexibles; par conséquent, la masse monétaire varie dans le premier cas alors qu'elle reste constante dans le second. L'obligation de défendre une parité stable rend donc en théorie la politique monétaire moins indépendante qu'en régime de changes flottants.

Par ailleurs, on peut à présent mieux comprendre les dangers d'un excédent prolongé de la balance des paiements en régime de changes fixes. D'une part, nous l'avons déjà dit, l'excédent entraîne un gonflement de RES et, après conversion des devises, un développement de la masse monétaire qui peut alimenter l'inflation. D'autre part, accumuler un excédent permanent revient à accorder un crédit indéfini à l'étranger, payé par les agents nationaux. Pour le montrer, notons que (14) peut aussi s'écrire:

$$\Delta RES = \Delta M - \Delta CINT \qquad \ldots(20)$$

Un excédent ($\Delta RES > 0$) signifie une création de monnaie supérieure aux besoins internes: $\Delta M > \Delta CINT$. Autrement dit, le pays accepte de créer de la monnaie non pas pour répondre aux demandes de monnaie des agents résidents, mais pour financer les dépenses des agents étrangers, et ce, au prix éventuel d'une inflation qui réduira le pouvoir d'achat des agents résidents.

En outre, si l'excédent vient de la balance des transactions courantes, il signifie, d'une certaine façon, qu'il y a davantage de biens et services qui sortent du pays pour satisfaire les besoins des étrangers qu'il n'y a de biens et services qui entrent dans le pays pour satisfaire les besoins intérieurs. À la limite, l'excédent maximum est atteint quand la dépense intérieure est nulle et que tout le produit intérieur est destiné aux étrangers!

5. La stérilisation des mouvements monétaires

Nous venons de montrer comment, dans un régime de changes fixes, l'excédent ou le déficit de la balance des paiements se traduisent par une augmentation ou une diminution de la masse monétaire interne. Toutefois, cela suppose que les autorités monétaires restent neutres face à ces mouvements monétaires induits par les paiements extérieurs. Mais les exigences de politique monétaire interne peuvent conduire la banque centrale à intervenir pour contrecarrer les variations de la masse monétaire d'origine externe: on dit que la banque centrale « stérilise » les mouvements monétaires.

Dans le cas d'un excédent qui induit une entrée de devises et une augmentation de la masse monétaire, la banque centrale peut adopter des mesures restrictives freinant la création monétaire interne. Les instruments qu'elle peut utiliser se trouvent cependant plus limités qu'en économie fermée. Ainsi, elle ne peut pas élever les taux d'intérêt puisque l'effet restrictif sur le crédit interne pourrait être compensé par de nouvelles entrées de capitaux étrangers. Mais elle peut recourir aux réserves obligatoires ou encore à des contrôles directs (encadrement du crédit).

Dans le cas d'un déficit extérieur qui induit une réduction de la masse monétaire, la banque centrale peut adopter une politique monétaire interne expansionniste pour compenser l'effet restrictif de la balance des paiements. Là encore, la banque centrale devra recourir à d'autres instruments que les taux d'intérêt. En effet, une baisse des taux destinée à stimuler la création monétaire serait contrariée par des sorties de capitaux vers l'étranger.

Nous retiendrons qu'en régime de taux de change fixes, la balance des paiements induit des variations de la masse monétaire à une double condition : le maintien d'une politique monétaire inchangée et l'absence d'opérations de stérilisation.

II. L'équilibre de la balance des paiements

A– Les mécanismes d'ajustement de la balance des paiements

Que se passe-t-il quand, pour une raison quelconque, la balance des paiements est déséquilibrée ? Un déficit ou un excédent extérieur ont des effets sur les prix relatifs et sur le revenu national qui, pour certains d'entre eux, contribuent automatiquement à résorber le déséquilibre initial. De plus, le taux de change réagit au déséquilibre des paiements extérieurs, soit continuellement, en régime de changes flexibles, soit de façon discontinue (dévaluation et réévaluation), en régime de changes fixes. Nous nous contenterons ici de recenser les effets mécaniques d'un déséquilibre de la balance des paiements et les effets des variations du taux de change. Le rôle des politiques monétaire et budgétaire dans la recherche de l'équilibre externe sera abordé dans les chapitres suivants.

Les économistes classiques ou néoclassiques croyaient le plus souvent en l'efficacité des mécanismes automatiques d'ajustement par les prix. La transposition de cette hypothèse au domaine de l'échange international conduit à penser que l'équilibre de la balance des paiements est automatiquement restauré par les variations du prix des biens et services en régime de changes fixes, ou par celles du prix de la monnaie (le taux de change) en régime de changes flexibles. Avec le développement des approches keynésiennes, cependant, on a également intégré dans l'analyse les effets revenu induits par le solde de la balance des paiements.

Dans les exemples qui suivent, nous partons d'une même situation fictive. Nous examinons la balance des paiements de deux pays, l'Allemagne et la France (avant l'adoption de l'euro comme monnaie unique), en supposant qu'ils réalisent entre eux la totalité de leurs échanges extérieurs ; l'Allemagne représente donc, en quelque sorte, le reste du monde. En raison d'une série d'innovations qui améliorent la productivité en Allemagne, les produits allemands se trouvent être momentanément de meilleure qualité et/ou moins chers que les produits français ; la demande se déplace alors vers la production allemande, et se détourne en partie de la production française ; l'Allemagne a donc un excédent de sa balance des transactions courantes, et la France, un déficit.

1. Les effets prix en régime de changes fixes

La logique classique et néoclassique implique alors un rétablissement automatique de l'équilibre des paiements entre les deux pays.

En effet, l'excédent produit une entrée de devises (ou d'or à l'époque des classiques) en Allemagne, tandis que le déficit entraîne une sortie de devises (ou d'or) en France. Comme nous l'avons déjà expliqué, cela implique une réduction de la masse monétaire en France et une augmentation de la masse monétaire en Allemagne. Conformément à la théorie quantitative de la monnaie, les variations de la masse monétaire induisent des variations proportionnelles du niveau général des prix. Les prix allemands s'élèvent donc, tandis que les prix français baissent. Cette modification des prix stimule la demande pour les produits français et freine la demande de produits allemands, contribuant ainsi à résorber le déséquilibre des échanges. Tant que les paiements entre les deux pays ne sont pas à nouveau équilibrés, il subsistera des pressions sur les prix (à la hausse en Allemagne, à la baisse en France), qui tendent à rééquilibrer les échanges.

Les limites de cette analyse sont toutefois sérieuses. Plusieurs conditions doivent en effet être remplies :

1°) ***Parfaite flexibilité des prix.*** L'analyse ne peut donc décrire qu'une tendance à long terme. À court et moyen terme, dans les économie modernes, les ajustements par les quantités sont plus fréquents que les ajustements par les prix.

2°) ***Plein-emploi dans le pays excédentaire.*** Si l'Allemagne dispose de capacités de production inutilisées en raison d'une insuffisance de la demande, l'afflux de monnaie provoqué par l'excédent ne se traduira pas complètement par une hausse des prix, mais aussi par une augmentation de la production et de l'emploi.

3°) ***Offres et demandes élastiques.*** L'équilibre n'est rétabli que si les demandes de produits allemands et français réagissent rapidement et suffisamment au changement des prix relatifs. Il faut en outre que l'offre soit parfaitement élastique dans le pays déficitaire : les entreprises françaises sont censées répondre instantanément à la demande allemande supplémentaire. Nous verrons plus loin que ces hypothèses sont rarement réalisées à court terme (*cf.* B. ci-après).

2. Les effets prix en régime de changes flexibles

Si les taux de change sont parfaitement flexibles, le déséquilibre des paiements entre les deux pays sera rétabli sans modification des prix intérieurs. En effet, l'excédent allemand provoque une demande excédentaire de deutsche marks et une offre excédentaire de francs sur le marché des changes. Les autorités monétaires n'intervenant pas pour stabiliser le taux de change, celui-ci est en permanence ajusté sur le marché des changes de façon à équilibrer l'offre et la demande des deux monnaies. Dans notre exemple, le deutsche mark s'apprécie et le franc se déprécie. Admettons que les prix exprimés en monnaie nationale restent inchangés en Allemagne et en France. La dépréciation du franc élève le prix en francs des produits allemands et abaisse le prix en deutsche marks des produits français ; cela stimule les exportations françaises en Allemagne et freine les importations allemandes en France ; le déficit extérieur de la France s'en trouve réduit. Tant que la balance des paiements entre les deux pays n'est pas rééquilibrée, la dépréciation du franc par rapport au deutsche mark et son effet rééquilibrant sur les échanges se poursuivent.

La logique fondamentale est strictement identique à celle de l'analyse précédente. Les variations des prix relatifs suffisent à rétablir l'équilibre de la balance des paiements. La seule différence tient à la façon de provoquer le changement des prix relatifs : par une modification des prix intérieurs exprimés en monnaie nationale, ou par une modification du taux de change qui convertit les prix intérieurs en prix internationaux. Les économistes classiques, qui raisonnent, aux XVIIIe et XIXe siècles, dans un cadre théorique et historique marqué par la flexibilité des prix, adoptent la première solution. Les monétaristes, confrontés à la viscosité, voire la rigidité des prix, dans la seconde moitié du XXe siècle, seront au contraire les avocats de la flexibilité des changes. Cette dernière apparaît alors comme un substitut à la flexibilité perdue des prix intérieurs.

La limite essentielle que partagent ces deux approches tient au problème des élasticités, sur lequel nous revenons ci-dessous. Les balances des paiements ne se rapprochent de l'équilibre que si la demande allemande pour les produits français et la demande française pour les produits allemands sont suffisamment élastiques au changement des prix relatifs.

3. Les effets revenu

Si l'on abandonne les hypothèses selon lesquelles, d'une part, les deux pays sont en permanence au plein-emploi et, d'autre part, les variations de la demande sont instantanément reflétées dans les prix, un excédent ou un déficit extérieur ont aussi des effets sur le revenu intérieur et l'emploi. Or, dans la logique keynésienne, le revenu intérieur est le principal déterminant de la demande, et donc également de la demande de produits étrangers. Si le solde de la balance des paiements modifie le revenu réel d'un pays, il affecte donc ses importations, ce qui change en retour le solde des échanges extérieurs. On peut ainsi mettre en évidence des mécanismes d'équilibre automatique associés aux effets revenu.

Reprenons notre exemple et examinons tout d'abord ce qui se passe en Allemagne. L'augmentation des exportations, qui a provoqué l'excédent extérieur, a également élevé le revenu national. Rappelons que les exportations sont un des éléments de la demande globale et que leur augmentation provoque, dans la logique keynésienne, un effet multiplicateur tout comme le ferait, par exemple, une augmentation des dépenses publiques. L'apparition d'un excédent (d'une demande étrangère nette positive) exerce donc une chaîne d'effets stimulants sur le produit intérieur de l'Allemagne. Or les importations allemandes sont une fonction croissante du produit intérieur. À chaque vague d'augmentation du PIB allemand, les importations allemandes sont donc stimulées et l'excédent extérieur atténué. Examinons à présent la situation en France. Le déficit avec l'Allemagne provient d'une réduction de la demande étrangère nette. Ce recul de la demande engendre un effet multiplicateur négatif sur le revenu intérieur. À chaque vague de réduction du produit intérieur français, les importations françaises de produits allemands se trouvent réduites et le déficit extérieur s'amenuise.

Les effets multiplicateurs engendrés par le déséquilibre initial des échanges entre les deux pays tendent donc spontanément à rétablir l'équilibre, en stimulant les importations allemandes et en freinant les importations françaises.

Là encore, cette analyse suppose que soient remplies plusieurs conditions qui en limitent la portée. Les propensions à importer des deux pays doivent être stables. En outre, les producteurs des deux pays doivent maintenir leur taux de marge constant. Or on constate parfois que les entreprises exportatrices qui bénéficient d'une reprise de la demande en profitent à court terme pour relever leurs prix, notamment quand la production est insuffisamment élastique. Enfin, la réalité est bien plus complexe dans la mesure où un grand nombre de pays participent à l'échange international. Dans notre exemple, la relance de la demande allemande induite par l'effet revenu des exportations peut très bien profiter à d'autres pays que la France. Il en sera ainsi en particulier si l'économie française n'est pas spécialisée dans les produits les plus demandés sur le marché allemand. Dans ce cas, l'effet revenu réduit l'excédent global de l'Allemagne, mais pas son excédent vis-à-vis de la France.

B– Variations du taux de change et équilibre de la balance des paiements

La littérature économique s'est plus directement intéressée aux effets des dévaluations qu'à ceux des réévaluations, en raison probablement de la fréquence plus importante des premières dans les politiques réelles. Nous suivons cette tendance en examinant ci-dessous les conséquence d'une dévaluation, mais les raisonnements sont réversibles : on peut les appliquer à une réévaluation en inversant simplement le sens des effets décrits.

1. Dévaluation, termes de l'échange et équilibre interne

La dévaluation a les mêmes effets prix qu'une dépréciation en régime de changes flexibles : elle renchérit des importations et abaisse le prix des exportations. La compétitivité des produits nationaux se trouve renforcée, et on peut en attendre une substitution des produits nationaux aux produits étrangers, ce qui améliore la balance des paiements. Mais si, dans l'immédiat, les quantités importées et exportées restent inchangées, l'effet de la dévaluation est plutôt pervers : elle détériore simplement les termes de l'échange.

Les termes de l'échange (TE) mesurent le rapport entre l'indice des prix à l'exportation (P_X) et l'indice des prix à l'importation (P_M).

On a donc : $TE = PX / PM$ …(21)

On peut encore dire que les termes de l'échange sont le rapport entre le prix moyen des exportations et le prix moyen des importations. C'est en quelque sorte un indicateur du pouvoir d'achat extérieur acquis par une nation grâce aux exportations. Si les produits importés sont en moyenne plus chers que les produits exportés, les termes de l'échange sont défavorables : pour se procurer les biens étrangers, il faut produire et vendre plus de biens et services que les étrangers ne sont eux-mêmes contraints de produire et de vendre pour se procurer les biens nationaux. Une diminution des termes de l'échange signifie qu'il faut désormais vendre plus de biens à l'étranger pour être en mesure d'acheter une quantité inchangée de produits étrangers, ou encore que, avec un même volume d'exportations, on peut désormais acheter une quantité plus faible de produits étrangers.

La dégradation des termes de l'échange induite par la dévaluation a trois conséquences potentielles : une accentuation du déficit extérieur, un effet inflationniste, un ralentissement de l'activité.

➜ L'accentuation du déficit

Les prix baissent à l'exportation et montent à l'importation. Par conséquent, pour un volume d'échange constant, les recettes tirées des exportations diminuent, les dépenses en importations augmentent et le déficit extérieur se creuse.

➜ L'effet inflationniste

Si le prix des produits importés augmente et que ces derniers constituent une part non négligeable de la dépense intérieure, ils exercent une pression à la hausse du niveau général des prix. Les matières premières et les biens intermédiaires importés entrent dans le prix de revient de nombreux produits nationaux et peuvent inciter les entreprises à relever les prix intérieurs. Certains prix de biens de consommation importés augmentent directement. Quand les travailleurs prennent conscience de cette inflation importée, il est possible qu'ils revendiquent une augmentation des salaires nominaux et accentuent encore la tendance inflationniste. La dévaluation peut donc favoriser une inflation par les coûts. L'amélioration de la compétitivité-prix obtenue par la dévaluation risque alors d'être contrariée par une augmentation du prix des produits exportables.

➜ Le ralentissement de l'activité

L'augmentation de la facture à l'importation représente une ponction sur le pouvoir d'achat de la nation. Une part plus importante du revenu national doit être consacrée au règlement des importations, au détriment des achats de biens et services nationaux. La demande réelle adressée aux producteurs nationaux par les agents résidents peut donc se trouver réduite. Si ce mouvement n'est pas compensé par une augmentation de la demande étrangère, il exerce un effet dépressif sur la production intérieure. Notons que le ralentissement de l'activité freine les importations et contribue à limiter le déficit extérieur. Mais, naturellement, l'objectif de la dévaluation est d'obtenir ce résultat plutôt par l'amélioration de la compétitivité que par la récession.

Au total, on le voit, la dévaluation comporte le risque d'un enchaînement pervers : la facture des importations augmente et le déficit s'accentue ; l'inflation importée limite les gains de compétitivité-prix qui étaient censés relancer les exportations ; l'activité intérieure est freinée par l'érosion du pouvoir d'achat, et l'on peut se retrouver momentanément avec plus de déficit, plus d'inflation et plus de chômage. La seule chance d'éviter les effets pervers de la dévaluation tient à l'ampleur et à la rapidité de l'effet de la compétitivité-prix sur les flux d'échanges. Si le volume des exportations augmente et si le volume des importations diminue rapidement, le déficit est réduit, la facture à l'importation n'augmente pas ou peu et les effets inflationnistes et dépressifs mentionnés plus haut restent limités. La question de l'élasticité-prix des importations et des exportations est donc déterminante.

2. Théorème des élasticités critiques – Conditions de Marshall-Lerner

Si l'on désigne par X le volume des exportations, et par M le volume des importations, on a :

$$\text{Recettes à l'exportation} = P_X \times X$$
$$\text{Dépenses à l'importation} = P_M \times M$$

Pour que le déficit extérieur diminue à la suite de la dévaluation, il faut que les recettes augmentent plus que les dépenses, c'est-à-dire que le rapport $(P_X \times X) / (P_M \times M)$ augmente. Or l'effet immédiat de la dévaluation est de réduire P_X / P_M, et donc d'aggraver le déficit. Le déficit ne peut être réduit que s'il se produit une augmentation compensatrice suffisante du rapport X / M, c'est-à-dire soit une augmentation de X et une diminution de M, soit une progression de X plus rapide que celle de M. Autrement dit, l'élasticité de X par rapport à P_X et l'élasticité de M par rapport à P_M doivent être telles que X / M augmente plus vite que P_X / P_M ne baisse. Ou encore : l'élasticité de X / M par rapport à P_X / P_M doit être supérieure à 1. Cela nous permet de comprendre intuitivement la ***première condition de Marshall-Lerner***, également connue sous le nom de ***théorème des élasticités critiques*** :

Si la balance des transactions courantes est initialement en équilibre, elle retourne vers l'équilibre à la suite d'une dévaluation (ou d'une dépréciation) si la somme en valeur absolue des élasticités-prix des exportations et des importations est supérieure à 1.

Rappelons que toute élasticité-prix est normalement négative et que, ***par convention***, on fait abstraction du signe normal de l'élasticité et l'on s'intéresse à sa valeur absolue, qui indique l'intensité de la relation entre quantité et prix (*cf.* tome 2, chapitre 2, section 1, B). On désigne par e_M l'élasticité (en valeur absolue) de la demande intérieure d'importations par rapport au prix des importations. On désigne par e_X l'élasticité (en valeur absolue) de la demande étrangère pour les exportations par rapport au prix des exportations. On peut donc écrire la condition de Marshall-Lerner sous la forme :

$$e_X + e_M > 1 \qquad \ldots(22)$$

Il importe de noter que ce théorème n'est vérifié que sous l'hypothèse d'une parfaite élasticité de l'offre de biens et services, à l'intérieur comme à l'étranger. C'est-à-dire que les mouvements de la demande sont suivis de mouvements équivalents et instantanés de l'offre.

Par ailleurs, il est sans doute plus raisonnable de se situer dans le cas où la balance des transactions courantes est initialement en déficit. C'est en effet plutôt dans cette situation qu'une dévaluation sera envisagée. Dans ce cas, la condition de Marshall-Lerner est encore plus contraignante. En effet, il ne suffit pas que la somme des élasticités soit supérieure à 1 ; elle doit être plus importante, dans une proportion qui dépend du déficit initial. La condition devient :

$$e_X + e_M > 1 + e_M\left(\frac{M-X}{X}\right) \qquad \ldots(23)$$

On peut donc énoncer une seconde condition :

La somme des élasticités-prix des importations et des exportations doit être d'autant plus supérieure à 1 que le déficit initial est important.

La question de savoir si la dévaluation contribue à rétablir l'équilibre extérieur n'est donc pas réglée *a priori* ; elle dépend finalement des études empiriques.

3. La courbe en J

L'observation empirique des effets d'une dévaluation conduit souvent à un certain pessimisme. En effet, si l'on observe ou si l'on simule l'évolution du solde de la balance des transactions courantes à la suite d'une dévaluation, on constate le plus souvent l'apparition ou l'accentuation du déficit pendant un certain temps, suivie d'une diminution ***progressive*** du déficit ; loin d'être immédiat, le retour à l'équilibre peut prendre plusieurs années.

Représenté graphiquement, le solde des paiements courants décrit ce que l'on appelle une courbe en J. Ainsi, par exemple, sur la figure 4, on part d'une balance courante équilibrée et l'on procède à une dévaluation au début de l'année 0. Un déficit apparaît et se creuse durant un an et demi ; l'équilibre n'est rétabli qu'à la fin de la troisième année ; toutes choses étant égales par ailleurs, le solde devient positif durant la quatrième année.

Figure 4

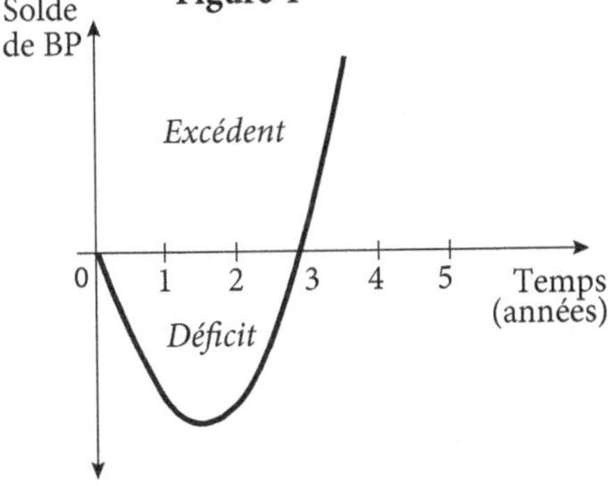

Cette situation est très proche de la réalité en ce qui concerne l'économie française, comme le montre notamment une étude de M. Catinat, J. Pisani-Ferry et K. Schubert, simulant les effets d'une dévaluation du franc en 1963, 1971, 1976 et 1983 *(in Économie et Statistiques*, juin 1985). Notons que la courbe en J introduit un élément supplémentaire par rapport aux conditions de Marshall-Lerner. En effet, ces dernières indiquent le niveau minimum des élasticités qui garantit le retour vers l'équilibre extérieur, mais elles ne disent pas au bout de combien de temps intervient ce rétablissement. La courbe en J montre, elle, que le retour vers l'équilibre, même quand il est théoriquement assuré, peut exiger des délais importants.

4. Les limites d'une dévaluation

Nous récapitulons à présent les principales raisons qui peuvent limiter l'efficacité d'une dévaluation.

➜ Les rigidités de la demande

Il existe plusieurs raisons pour que le renchérissement des importations et la baisse des prix à l'exportation ne modifient pas brutalement la structure de la demande intérieure et étrangère. L'ouverture extérieure croissante des économies industrialisées les rend de plus en plus dépendantes les unes des autres pour leurs approvisionnements, et cette dépendance atténue l'élasticité-prix de la demande. Cela est bien entendu le cas pour des matières premières ou des produits dont un pays est totalement dépourvu et qui sont indispensables au fonctionnement de l'économie nationale. À court terme, le pays ne dispose pas de substituts et continue à importer des quantités presque inchangées, même si une dévaluation renchérit la facture. Mais cette inélasticité à court terme peut aussi exister pour les autres produits. Les entreprises importatrices de biens intermédiaires ou de biens d'équipement établissent avec leurs fournisseurs étrangers des relations durables qu'elles ne sont pas nécessairement disposées à remettre en cause dès qu'une dévaluation augmente les prix à l'importation. À côté de la ***compétitivité-prix***, un produit peut aussi s'imposer sur le marché en raison de ses qualités (fiabilité, solidité, etc), des délais de livraison ou des services après-vente. Il existe donc une ***compétitivité structurelle*** qui rend la demande d'un produit en partie indépendante de son prix, du moins à court terme.

→ Rigidités de l'offre et comportements de marge

Quand la dévaluation commence à influencer la demande intérieure et étrangère, cela ne modifie les flux d'échanges que si l'offre répond passivement à la demande. Dans le pays qui dévalue, la demande étrangère supplémentaire induite par la dévaluation peut se heurter à des capacités de production insuffisantes – ou qui ne peuvent être à nouveau exploitées de façon efficiente qu'avec des délais importants. Dans ce cas, les pressions de la demande peuvent inciter les entreprises à augmenter leurs marges en relevant les prix. Le gain de compétitivité-prix induit par la dévaluation peut ainsi se trouver en partie annulé. Dans les pays étrangers (dont la monnaie s'apprécie), le ralentissement éventuel des exportations vers le pays qui dévalue peut conduire les exportateurs à réduire leurs marges en abaissant leurs prix, de façon à préserver leur marché à long terme ; la perte de compétitivité-prix des produits étrangers peut donc être compensée par une baisse des marges des exportateurs étrangers.

→ Les facteurs politiques

L'efficacité de la dévaluation, déjà limitée par les rigidités de l'offre et de la demande, peut être annulée par d'éventuelles représailles des partenaires commerciaux. Si ces derniers perçoivent la dévaluation comme une agression commerciale destinée à donner à des produits une compétitivité qu'ils sont incapables d'acquérir autrement, ils peuvent prendre des mesures de rétorsion pour limiter les importations en provenance du pays qui a dévalué. Ils peuvent aussi dévaluer à leur tour et annuler purement et simplement l'effet prix initial de la dévaluation de leur partenaire. Des dévaluations en cascade de ce type ont pu être observées dans les années 1930 où, en l'absence de coopération internationale, certains pays étaient tentés de maintenir leur part sur un marché mondial en crise au moyen d'une politique commerciale extérieure agressive. L'expérience a montré qu'une guerre des dévaluations ne pouvait que freiner l'activité mondiale. Elle débouche sur une montée du protectionnisme; et si tout le monde cherche au même moment à importer moins, cela réduit la demande mondiale et ne peut qu'aggraver une situation de récession.

Seuls des accords internationaux peuvent autoriser des dévaluations sans risques de représailles. Ainsi, dans le Système monétaire international mis en place après la Seconde Guerre mondiale, la dévaluation est autorisée quand un pays est confronté à un déficit durable de sa balance des paiements, et à condition qu'il prenne des mesures intérieures pour remédier à ce déséquilibre (réduction de la dépense intérieure et du déficit budgétaire). De même, au sein du Système monétaire européen de 1979, la dévaluation est envisageable pour remédier à un déficit structurel. Mais les partenaires européens ne peuvent accepter qu'un pays dévalue régulièrement sa monnaie et s'octroie ainsi un gain de compétitivité sur le marché européen, s'il ne met pas simultanément en œuvre des politiques restrictives limitant la dépense intérieure et réduisant les écarts d'inflation et de croissance considérés comme partiellement responsables du déficit extérieur.

Sous peine d'être annulée par des mesures de rétorsion, la dévaluation moderne est donc une dévaluation ***sous surveillance*** des principaux partenaires commerciaux. Mais elle s'opère aussi sous la surveillance des spéculateurs qui interviennent sur le marché des changes. La dévaluation n'est efficace que si la capacité des autorités monétaires à défendre le nouveau cours n'est pas mise en doute par les spéculateurs. Si le nouveau cours est fixé trop haut, les spécialistes peuvent estimer que la banque centrale sera incapable de le défendre, faute, par exemple, de réserves de change suffisantes. Dans ce cas, la spéculation à la baisse reprend, le taux de change tend à nouveau à se déprécier et le mouvement continue tant que le taux de change officiel est jugé irréaliste par le marché. Cela peut contraindre le gouvernement à une nouvelle dévaluation. Une difficulté supplémentaire tient donc à la crédibilité des pouvoirs publics et à l'estimation correcte d'une nouvelle parité réaliste.

Conseils bibliographiques

Initiation générale

Clerc (D.), *Déchiffrer l'économie*, Syros, 9e éd., 2000.

Généreux (J.), *Introduction à l'économie*, coll. « Points-économie », Seuil, 3e éd., 2001.

Généreux (J.), *Les vraies lois de l'économie*, coll. « Points-économie », Seuil, 2008.

Objet et méthode de l'économie

Mouchot (C.), *Méthodologie économique*, coll. « Points-économie », Seuil, 2003.

Comptabilité nationale

Piriou (J.-P.) et **Bournay** (J.), *Comptabilité nationale*, collection « Repères », La Découverte, 9e éd., 2012.

Comptabilité privée

Depallens (G.) et **Jobard** (J.-P.), *Gestion financière de l'entreprise*, Sirey, 1996.

Outils mathématiques et statistiques

Schlacther (D.), *Comprendre la formulation mathématique en économie*, coll. « Les Fondamentaux », Hachette, 5e éd., 2009.

Schlacther (D.), *De l'analyse à la prévision*, coll. « Les Fondamentaux », Hachette, 5e éd., 2009.

Mécanismes monétaires et financiers

Faugère (J.-P.), *La monnaie et la politique monétaire*, collection « Mémo », Seuil, 1997.

Flouzat (D.) et **Boissieu** (Ch. de), *Économie contemporaine*, vol. 2: *Les phénomènes monétaires*, coll. « Thémis », PUF, 15e éd., 2004.

Généreux (J.), *Introduction à la politique économique*, coll. « Points-économie », Seuil, Paris, 3e éd., 2000.

Plihon (D.), *Les taux de change*, La Découverte, 2012.

Ruffini (P.-B.), *Les théories monétaires*, coll. « Points-économie », Seuil, 1996.

Courants de la pensée économique

Albertini (J.-M.) et **Silem** (A.), *Comprendre les théories économiques*, coll. « Points-économie », Seuil, 3e éd., 2001.

Boncœur (J.) et **Thouément** (H.), *Histoire des idées économiques*, 2 vol., coll. « Circa », Armand Colin, 3e éd. 2007.

Généreux (J.), *Les vraies lois de l'économie*, Seuil, 2008.

Samuelson (A.), *Les grands courants de la pensée économique*, PUG, 1990.

Villey (D.) et **Nême** (C.), *Petite histoire des grandes doctrines économiques*, Litec,1996.

Périodiques

Alternatives économiques (mensuel).

Problèmes économiques (hebdomadaire).

Index alphabétique

Nota : les numéros renvoient aux pages.

Imprimé en France par Dupli-Print à Domont (95)
Dépôt légal : août 2018 - Collection n° 10 - Édition 03
N° d'impression : 2018080405
72/6942/3